未《み》来《らい》を生《い》きる
ための
読《どっ》解《かい》力《りょく》の強《きょう》化《か》書《しょ》

佐《さ》藤《とう》 優《まさる》
Masaru Sato

Crossmedia Publishing

はじめに

作家として第二の人生を歩むようになって、15年以上経ちました。現在、私は61歳。還暦を過ぎると、どうしても自分の残り時間を考えます。

厚生労働省が調べた日本人の健康寿命（介護などの世話にならずに、自立して生活できる上限年齢の平均）は男性が72・14歳、女性が74・79歳となっています（２０１６年）。

私自身、思うように仕事を続けられるのは、あと10年ほどとなります。ただし、慢性腎臓病を抱えている身なので、その時間はもっと限られてくると思います。

すると、必然的に仕事を選ぶようになります。限られた時間のなかで、できるだけ納得できる有意義な仕事がしたい。優先順位を考えて、仕事を絞り込むようになりました。

それに併せて、共に仕事をする人も絞られてきます。編集者にしても、これまで一緒にやってきて、心地よく仕事ができ、できるだけ最短距離で仕事を完成させることができる人に限られるようになりました。

そのような人たちの共通点は何でしょうか？　色々考えてみると、それは「距離感」だということに辿り着きました。

お互い信頼し合い、しっかりと仕事に向き合う。ただし、必要以上に親密になるわけではありません。依存するのではなく、お互いが自立した関係で仕事を分担し、完成させる。その絶妙な「距離感」をお互い暗黙のうちに築けることが、一緒に長く仕事をしたい人たちの共通項なのです。ある種の「間合い」のようなもの、と言ってよいかもしれません。

ところが、なかにはその「距離感」をまったく無視して、一方的に自分のペースで仕事を進めようとする人がいます。これは会社の大小や学歴とは全く関係ありません。

ある出版社で雑誌の連載の話が決まり、その編集長と初めて会うことになりました。ところが開口一番、「この際ですから今回の連載以外に、ぜひお願いしたいことが…」と言って、いきなり新たな企画書を出して説明し出したのです。

こちらは連載の企画の打ち合わせだと思っていたので、急な話に面食らってしまいました。私が逆の立場であれば、まず初対面の挨拶とともに、今回の連載の話を具体的に進めるのが筋です。

そして最初の連載がある程度軌道に乗り、お互い信頼関係ができたところで、次の企画の話を持ち掛けるでしょう。

少なくともその人は、私とは全く違う距離感で仕事をしている人だということはわかりました。私と「間合い」の取り方が違うのです。そして、このような人とは長く仕事はできないと感じました。

というのも、自分を抑えて仕事を進めても、何らかのトラブルが起きるのが、この手の人なのです。実際、連載自体は受けましたが、その終了後は新しい仕事を受けることはありませんでした。

おそらく、こういう人は相手の言葉だけじゃなく、声のトーンや表情から、いまどんな感情を抱いているかを読み取る力が決定的に欠けています。私なりの言葉で言うならば、「読解力」が欠如しているということになります。

仕事を続けているうちに何らかの齟齬や誤解が生まれ、本来ならトラブルにならないようなことが、大きな問題に発展するのです。

「読解力」とは一般的にはテキストを読み解く力と考えられていますが、私としてはもっと広い概念で考えています。その「読解力」の詳しい内容は、本書の以降の章で明らかにするとして、とりあえずこの場でひと言で言うならば、「相手を正しく理解し、適切に対応する力」とでも言えるでしょうか。

読解力の豊かな人と仕事をすると、一を聞いて十を知るまでいかずとも、こちらの意図を素早く察知して先回りしてくれます。読解力の乏しい人と仕事をすると、説明したはずのことが伝わっていなくてもう一度説明し直したり、誤解や曲解によってトラブルが起きるなど、一の仕事が二にも三にも増えてしまいます。

一緒に仕事をするのに、「読解力」の高い人物——できるだけ楽しく軽やかに仕事ができる人を選ぶというのは、しごく当然のことではないでしょうか。

ただし、効率性や経済合理性を重視するビジネス社会においては、短期的には「読解力」の低い人物が成果を上げることもあるのです。

なぜなら、読解力が欠如した人は相手の気持ちや立場を忖度することなく、持ち前の強引さで物事を進めます。だから、なりふり構わない仕事ぶりで、一見成果をあげたかに見えることがある。やっかいなことにこういう人物ほど、中間管理職までは順調に出世するのです。

ところが、短期的には成功しても、中長期的にはほぼ失敗するのもこのタイプです。結局人が離れていくので、その栄華は長続きしません。まれに先ほどの雑誌の編集長のように、現場組織の頂点にいる人は、その権力ゆえに意外に長くその立場に就いていることがあります。

しかし、会社の看板や役職など、肩書がなくなったとたん、見事に誰からも相手にされなくなります。

いずれにしても、「読解力」の低い人はビジネスにおいても、プライベートにおいても人間関係が破綻したり、トラブルが続いたりして、トータルで見ると損な人生を歩んでいる人が多いです。

逆に読解力が優れていれば、人間関係もうまく回り、トラブルも少なく、必要最小限の力で成果をあげることができます。仲間も増え、豊かな人生を送ることができるでしょう。

厳しい時代を乗り切るために、さまざまな資格やスキルを身につけたり、能力を高めようと努力している人がたくさんいます。しかし、私から言わせれば、まず「読解力」を身につけることこそが大事だ、ということになります。

さて、還暦を過ぎた私にとって、優先順位の高い仕事は何かを改めて自分に問いかけました。出てきた答えは、若い人たちに対する教育です。

自分がこれまで多くの先生や先輩から教わってきたように、後進を育てていくことが、いまの私の一番の仕事であり、使命だと考えています。残りの10年は、それにまい進したいと考えています。

今回、私は青山学院横浜英和中学高等学校の中学3年生に全3回の集中講義を行いました。テーマは「真理はあなたたちを自由にする〜三浦綾子の『塩狩峠』を手掛かりとして学ぶ〜」というものです。

その目的はズバリ、最初にお話しした「読解力」を身につけること。「相手を正しく理解し、適切に対応する力」は、名作と呼ばれる小説を読み解くことで身につけることができます。

それはテキストを論理的に把握し、同時に文章には表されていない「行間を読む」という作業が、そのまま相手（テキストであれ、人であれ）を正しく理解する力につながっているからです。

『塩狩峠』という作品は、明治時代、北海道の天塩線（現在の宗谷本線）での実際の事故を題材にして書かれた小説です。

塩狩峠に差し掛かったところで連結器が外れ、動力を失った客車が逆走を始めたとき、当時、鉄道職員だった長野政雄という人が自ら身を投げ、下敷きになることで暴走を止めました。本当の愛と自己犠牲について、キリスト教徒である三浦さんが問いかける力作です。

いまの中学生にしては大変な長編小説であり、重いテーマかもしれません。だからこそ、このテキストの解釈を通してさまざまな考え方に触れ、読解力を高めてもらうことができれば、というのが狙いです。

私自身が、ちょうど同じくらいの年に『塩狩峠』を読み、深く感銘を受けました。その経緯は第3章で詳しく触れているので、ここでは省きましょう。

いずれにしても、難しい本を読み、内容を理解し、自分なりの言葉で意見や感想をまとめる。いまの時代にはまどろっこしくさえ感じる作業こそが、読解力を高めてくれる一番の方法なのです。

本当の勉強とは、たんに受験のための知識を蓄えることではなく、その後の人生の糧になる「素養」を育むものだと考えます。それが確固とした土台となれば、その後に得た知識は自ずと高く積み上がっていくはずです。それが脆弱であれば、すぐに崩れてしまい、なかなか積み上がっていきません。

その土台を築くのが中学生、高校生といった10代です。ところが残念ながら、最近は、その大切な10代の時間を、SNSやゲームなどで徒に使ってしまう人があまりにも多いのです。

若い人にはまずSNSをやらないように、とアドバイスしています。連絡事項をやり取りするのは致し方ないにしても、そこに写真や動画をアップしたり、呟いたりすることは時間のムダだとはっきり言います。

SNSのわかりやすさ、短絡的で画一的な表現は「読解力」を下げてしまうと確信しています。

とくに、中学生は子どもから大人に成長していく一番重要な時期です。私自身、この年頃に優れた教師や大人たちに出会ったことで、世界がどんどん広がっていきました。

今回の集中講義に参加してくれた14人の目の輝きと真剣さに、ふと当時の私の姿がダブりました。私が大人たちから受け取ったさまざまな目に見えない財産を、私も目を輝かせている後輩たちに引き継ぎたい。バトンをつないでいけたら、という思いがあります。

身につけた読解力が、勉強はもちろんですが、人間関係でも仕事でも必ず良い結果に導いてくれる。人生の豊かな実りとなって返ってくると確信しています。

読者のみなさんは、もう中学時代などはるか昔のことだと思うかもしれません。しかし、ぜひ目を輝かせていた純粋な時代を思い出して、若い人たちと一緒の気持ちで本書を読んでいただければ幸甚です。

忘れていたことや見逃していたものが、そこにあるかもしれません。年頃の子どもがいる人なら、それを自分の子どもに伝えることもできるはずです。

講義に参加してくれた青山学院横浜英和中学高等学校の皆さんは、私の想像以上に優秀で可能性を感じさせてくれました。毎回3時間という講義と、提出課題にもしっかりと応えてくれました。前向きな皆さんの取り組みに感謝します。

また、今回の講義を企画し、講師として招いていただいた同校の小久保光世校長先生、宗教主任の鬼形惠子先生に多大なる感謝の意を表したいと思います。

本書を上梓するにあたっては、クロスメディア・パブリッシングの坂口雄一朗氏、フリーランスの編集者でライターの本間大樹氏にたいへんお世話になりました。どうもありがとうございます。

2021年8月

佐藤優

「読解力の強化書」目次

第1章 人生は読解力で決まる

2

第2章

読解力とは行間を読む力

力を身につける

3

第3章

特別講義

小説を通して読解

第4章 違和感を大事にする

第5章

未来を読み解く力

※本文中の聖書の引用は、『聖書 新共同訳』（日本聖書協会）を使用しました。

第1章

人生は
読解力で決まる

本を読むほど思考が偏る

日本人の「読解力」が落ちているのではないか？　最近とくに強く感じるようになりました。そもそも、「読解力」とは何でしょうか？　言葉の通り解釈するならば、それは「読んで理解する力」「読み解く力」ということになります。

では、本をたくさん読んでいる人が、読解力が高いかというと、必ずしもそうではありません。インターネットを駆使してたくさん情報に触れている人が、読解力が高いか？　これもまた、そうとは言えないのです。

むしろ情報や知識にたくさん触れているのに、自分の考えや先入観に凝り固まり、他人の意見や自分とは異なる考え方を聞き入れようとしない人が増えているように感じます。

素直にテキストを読まない、素直に人の言うことを聞かない。自分の考えが先にあって、異質なものを受け入れない。たくさん本を読んでも、情報に触れても、自分に都合のいいものだけを受け入れ、都合の悪い情報は捨ててしまうのです。

これでは本を読むほど、情報を集めるほど、思考が偏ってしまいます。

その典型的な例が、最近巷に増えている陰謀論や謀略史観でしょう。特定の秘密結社や集団が、世界の政治経済を牛耳っているというような考え方は、以前からありました。

私自身、かつて外務省でインテリジェンスの仕事をしていたので、それこそ国家の陰謀や策略のうごめく世界で活動してきました。国際社会のなかで、実際にさまざまな国や集団が、自らの利益を最大化するために、日々駆け引きしています。

しかし、新型コロナは米国と中国のウイルス戦争だ、などという話になると、あまりにも非現実的です。

陰謀論に凝り固まっている人は、どんな情報やテキストに触れても、それを補強するものにしか目が行かない。都合の良い情報だけを選択し、どんどん先鋭化していきます。そして陰謀論を否定する人を、情報収集能力がなく、真実を知らない人たちだと見下したりするのです。

「読解力」とは、できる限り偏見なく情報を受け入れ、対象を認識し理解することです。対象がテキストであれば文意を理解し、行間を読むということですし、人間であれば相手の主張や立場を理解し、相手の論理で考えるという、「思考の幅」を持つことです。

自分の視点だけで完結している〝読解力不足〟の人が、残念ながら増えているように思います。

なぜコロナ陰謀説にハマるのか？

今回の新型コロナのパンデミックによって、「読解力」の欠如が図らずも顕在化したのではないでしょうか？

ウイルスの脅威をどう評価し、受け止めるのか？　ツイッターなどのSNS情報を鵜呑みにして、「水をたくさん飲めば感染しない」とか、「新型コロナは30度前後のぬるま湯で死滅する」とか、「トイレットペーパーがなくなる」など、根拠のないデマを信じてしまう人がいました。

大事なことは、しっかりとした数字やデータに基づいて判断することでしょう。新型コロナウイルスの感染率はどれくらいなのか？　重症化率と致死率はどれくらいなのか……？

その意味でマスメディアの報道も、大いに偏りがあると言わざるを得ません。これらの客観的な数字やデータを示すどころか、たんに1日の感染者数をひたすら取り上げるだけ。感染者数も単純な累計数だけでなく、すでに完治している人の数にも注目するべきです。

じつは日本のデータは、ＰＣＲ検査が他国に比べて少ないため、疫学的に有効なデータが得られないという意見もあります。分母が少ないので、正確な感染率や重症化率などもわからないというのです。

ならば日本に比べてＰＣＲ検査が格段に進んでいる諸外国のデータはどうなのか？

２０２０年12月に発表された米国のワシントン大学の調査によると、新型コロナで入院した患者（３６４１人、平均年齢69・03歳）と、インフルエンザで入院した患者（1万２６７６人、平均年齢70・25歳）を比較したところ、致死率はインフルエンザが5・3％に対して、新型コロナ患者の方は18・６％だったそうです。

また、新型コロナ患者はインフルエンザ患者よりも、人工呼吸器などによる呼吸管理が必要になるケースが約4倍、集中治療室に入るリスクも2・4倍という数字が出ています。同時期でのフランス国立保健医学研究所の研究発表によると、新型コロナ患者の入院数の最多記録は、２０１８－19年のインフルエンザ患者数のピークの2倍以上であり、致死率は約3倍に達したというデータが示されています。

この他にもおそらくいくつかの有益なデータが示されていると思いますが、いずれにしても、新型コロナはインフルエンザに比べ致死率が明らかに高い。コロナ陰謀説者がしきりに主張する、「コロナは虚構だ」とか「風邪と同じ」というのが、科学的な根拠のない、強引な主張だということがわかるでしょう。

これらのデータや調査結果を認識した上で、新型コロナのリスクを自分なりに冷静に受け止め、対処することが必要です。

ところが不安を煽るメディアの報道を信じて、過度に神経質になる人がいます。一方、エビデンスにも基づいていない「コロナ陰謀説」や「コロナ虚構説」にハマってしまう人も少なくありません。

客観的な情報に触れたとしても、それを自己流に都合のいいように編集してしまう。テキストのなかから自分にとって有益なものを拾い上げ、それ以外はノイズとして捨ててしまう。そういう作業を行っている人が、残念ながら増えているように感じます。

簡単な文章さえ理解できない学生たち

少し前に、国立情報学研究所教授で、人工知能プロジェクト「ロボットは東大に入れるか」のプロジェクトディレクタを務める新井紀子さんが、『ＡＩ vs. 教科書が読めない子どもたち』（東洋経済新報社）という本を書いて話題になりました。

新井さんは自ら作った基礎的読解力調査テスト（ＲＳＴ）を全国の中高生を対象に行い、中学生の読解力が低下していることに衝撃を受けます。簡単な文章でさえ、正確にその意を汲み取ることができない学生が予想以上に多かったのです。

テストのなかで、以下のような問題があります。

Alex は男性にも女性にも使われる名前で、女性の名 Alexandra の愛称であるが、男性の名 Alexander の愛称でもある。

この文脈において、以下の文中の空欄に当てはまる最も適当なものを選択肢のうちから

1つ選びなさい。

Alexandra の愛称は（　　　）である。

① Alex　② Alexander　③男性　④女性

（新井紀子『AI vs. 教科書が読めない子どもたち』200ページ）

答えは当然①ですが、なんと中学生の正答率はたったの38％だったそうです。一番多かった回答は④の女性で、39％でした。

新井さんはこのような結果になったのは、おそらく「愛称」という言葉の意味がわからず、飛ばし読みした結果ではないかと推測されています。

なるほど、そうやってわからない言葉を無視し、「女性の名 Alexandra の愛称である」という一文だけを読むと、Alexandra という言葉の近くに「女性」という言葉があります。そこで④を選んだということなのかもしれません。

いずれにしても文の構造や文意をしっかりと認識せず、自分の都合のいいように文章を編集して解釈しているわけです。

最近の中学生の語彙の貧困を嘆く人もいるかもしれません。私たち大人は「愛称」という言葉の意味ぐらいは知っています。しかし、自分の都合のいいように文章を編集し、勝手に解釈するという点では、じつのところ多くの大人たちも、語彙の貧困な中学生と同じ作業をしている可能性があるのです。

新井さんはまた、次のような内容の問題を挙げています。

「幕府は、1639年、ポルトガル人を追放し、大名には沿岸の警備を命じた」という文章と、「1639年、ポルトガル人は追放され、幕府は大名から沿岸の警備を命じられた」という文章の意味は同じか違うか？　（同書205ページ）

一読すれば最初の文章は、幕府が大名に沿岸の警備を命じたという意味であるのに対し、次の文章は幕府が大名から命じられたということなので、明らかに違います。

ところが中学生の正答率は57％という低いものでした。ちなみに高校生の正答率は71％でしたが、いずれにしても読解力が危機に瀕していることを痛感します。

これでは、そもそも教科書を読んでも理解することができません。教科書が読めなければ、どれだけ勉強してもまっとうな力は身につかないということになります。

ＡＩには読解力がない

新井さんはいまの若い人の読解力のなさを、彼らだけの世代の問題として考えていません。若い人の読解力が落ちている背景には、彼らの親の世代の読解力が落ちていること、社会全体の読解力の低下があると考えます。私もまったく同感です。

そもそも、新井さんが「読解力」に注目したのは、ＡＩの研究過程で明らかになった、人間とＡＩとの思考の仕方の根本的な違いにあります。

ＡＩの進歩は目覚ましく、チェスや将棋などで、人間のチャンピオンを打ち負かすほどに進歩しています。巷では、ＡＩによって人間が支配されるのではないか、ＡＩの能力に人間が完全に敗北するのではないかと恐れられています。

ＡＩにおけるシンギュラリティ（技術的特異点）とは、その能力が人間の知能を超える点とされています。未来学者のレイ・カーツワイルが２０４５年にはコンピュータが人間の知能を追い抜くシンギュラリティが訪れると予想して、反響を呼びました。

本当にそれが来るのか？　来るとしたら、彼が言うように２０４５年なのか？

新井さんは数理論理学の第一人者ですが、彼女はＡＩが人間の能力を超えることは不可能だと言い切ります。つまりＡＩにおけるシンギュラリティは来ないというのです。

それはどんなにＡＩが発達したとしても、ＡＩが言葉の意味を理解することは不可能だから。新井さんによれば、ＡＩの技術を利用した「Siri」は以下の二つの文章の区別がつかないそうです。

「この近くのおいしいイタリア料理の店は？」

「この近くのまずいイタリア料理の店は？」

まったく意味が正反対である問いかけに対し、Siri は同じようにおいしいイタリア料理の店を紹介するのです。

これはＡＩが文意を理解して答えを導いているのではなく、「この近くの」「イタリア料理」「店」といったワードを拾い上げ、そのワードが出てきたときにもっとも確からしい答えを統計学的、確率的に導いているからです。

本来は論理的な理解をするようにＡＩに仕込めばよいのでしょうが、それをやるとそれに対応したアルゴリズムを作り上げ、コンピュータに入力し覚えさせる作業が膨大になる。それだけでなく、むしろ混乱して誤答する可能性が高くなるそうです。

いずれにしても、一見ＡＩはこちらの意図を汲み取っているように見えますが、膨大なデータに基づいて統計的、確率的にふさわしい答えを見つけているだけ。意味を理解して答えているわけではないのです。

なぜそうなるか？　コンピュータとは、突き詰めると0と1の二つの数による演算であり、数学的な枠組みのなかでしか思考できないからだといいます。新井さんによれば、数学には突き詰めると、論理と確率と統計の三つの表現方法しかないそうです。

逆に言うと、論理と確率と統計以外で表されるリアリティを、ＡＩは認識し、表現することができません。

「私はあなたを愛しています」という表現と、「私はあなたが好きです」という意味の違いやニュアンスを、私たち人間は汲み取ることができます。しかし、ＡＩではそのニュアンスを人間と同じように感じ取ることはできません。
つまり、ＡＩには「読解力」がないのです。

読解力がないと仕事に就けない

一方、ＡＩは演算処理やデータ検索に関しては、人間よりはるかに高い能力を持っています。新井さんは、そこから人間がＡＩより優位に立ち、その存在意義を明らかにできるのは、意味を理解し対応する能力＝読解力が必要とされる分野だと結論づけます。

シンギュラリティは来なくとも、今後、多くの仕事がＡＩに取って代わられる可能性があります。しかし、ＡＩの苦手な「読解力を必要とする仕事」に関しては、人間の専門領域になる。自ずと棲み分けができて、すべて仕事がＡＩに取って代わられることはありません。

その意味で、これからの時代、仕事をしてお金を稼ぐために必要とされる能力とは、意味を理解する力であり、読解力だということです。

２０１４年、オックスフォード大学のマイケル・Ａ・オズボーン准教授らの研究チームが発表した論文によると、今後10～20年以内にいまの仕事の47％がＡＩや機械化によって消滅すると予測しています。

その後、日本の労働環境に合わせた野村総研との共同研究でも、日本人の仕事の約49％がＡＩに代替されると予測しています。

これらの調査によって、今後20年でＡＩに代替され消滅する仕事として、事務系の仕事やマニュアル化しやすい仕事が挙げられています。意外なのは肉体労働系の仕事よりも、ホワイトカラー系の仕事が多いということ。

たとえばテレマーケターやデータ入力オペレータ、荷物の発送・受け取り係など。銀行の窓口や融資担当、保険業者や保険鑑定など、いま大学生に人気の金融業の仕事も、代替可能な仕事の一つに挙げられています。

また、決まったフォーマットの書類を作成するという点で、行政書士や司法書士、税理士などの士業も、いずれ消滅するとする調査研究もあります。

一見人気があり、収入も社会的なステータスも高いと思われていた仕事が、意外にもなくなる可能性があるのです。

反対に、残る仕事は何か？　マニュアル化しづらい企画立案やマネジメントなど、創造性の高い仕事はもちろん生き残るでしょう。

その他、介護士やソーシャルワーカー、精神科医、カウンセラーなど、コミュニケーションを取りながら相手に共感しサポートする仕事は、ＡＩには苦手とされている職種です。また、職人や熟練工のような高度な肉体的なパフォーマンスが必要になる職業、教育関連の仕事などが生き残るとされています。

これら生き残る職業は、いずれもさまざまな情報を取り入れながら、他者とのコミュニケーションを通じて相手のニーズをつかみ取り、アウトプットにつなげていくものです。つまりは、読解力がものをいう仕事だといえるのです。

ところが、その肝心の読解力が危機に瀕している。いまの中高生たちは、簡単な文章の意味さえも読み取れない人が多い。新井さんが行った独自のテストでそれが判明したことは、すでに述べたとおりです。

このままでは多くの人が失業し、深刻な不況に直面する可能性がある。そうならないためにも、日本人一人ひとりが、意識的に「読解力」を高めていくことが肝要なのです。

SNSは異質なものを排除する

「読解力」によって、私たちはさまざまなテキストの意味を理解し、それに対応することができるようになります。このことは、私たちのコミュニケーションそのものにも当てはまります。

本来、コミュニケーションとは、他者を理解し受け入れながら、同時に自分を相手に理解してもらうように努めることでしょう。

有意義なコミュニケーションを成立させるには、「読解力」が不可欠なのです。逆に言えば「読解力」が不足していたら、コミュニケーションも成立しません。

私たち日本人に、その力が不足しているとすれば、当然コミュニケーションにも影響が及んでいるはずです。

いまの社会は、ＳＮＳが発達しコミュニケーションツールは非常に充実しています。しかし、本当にそれによって私たちはコミュニケーションをうまく行えているでしょうか？ちょっと考えてみても、じつに心もとない感じがします。

ＳＮＳは人間関係を結びつけるどころか、むしろ分断するツールになる――。そんな危険性が巷に知られるようになったのは、２００８年、バラク・オバマがマケインを破りアメリカ大統領に就任した際の、選挙戦にさかのぼります。

当時、民主党のオバマ陣営はＳＮＳを駆使してライバルに大きな差をつけて勝利しました。陣営と支持者たちの間で、ＳＮＳを通じてさまざまなやり取りが行われました。それが集票につながった、最初の大統領選挙だと言われています。

その後、あるリサーチャーによる調査によって、面白い現象が明らかになりました。民主党と共和党のそれぞれのブログコミュニティのつながりを解析したのです。すると、それぞれのつながりのなかで完結し、両党の間でのコミュニケーションがほとんど行われていなかったのです。

このことによって、ＳＮＳは同質性の高い集団においてはコミュニケーションを活性化させる働きが強い一方、立場や意見が違う者を排除する閉鎖性が強いツールであることが指摘されるようになりました。

ある現象によって分断される米国

その後、共和党のドナルド・トランプが登場し、民主党のヒラリー・クリントン候補を破った大統領選挙では、この傾向にますます拍車が掛かりました。この頃から言われるようになったのが、「エコーチェンバー現象」と言われるものです。

エコーチェンバー現象とは、ある人物の意見や主張が、肯定され評価されながら、集団内のメンバーによって繰り返される現象を言います。それはあたかもこだまが鳴り響くかのように反響し、共鳴して、集団内で一層大きく強力なものになっていきます。

トランプの過激なツィッターの投稿が、支持者たちの間でリツイートされながら、エコーチェンバー現象によって大きな力になっていった。それによって巷の予想を裏切り、多くの支持を集めたトランプは大統領に就任します。

彼は大統領就任後もSNSの力を最大限利用し、ときに相手をおとしめ誹謗するかのようなツイートを上げながら、自らの支持者をより熱狂的なトランプ教の信者に仕立て上げます。

彼が行ったことは、民主主義の下での国民同士の対話ではなく、主義主張の違う者同士の対立と敵対感情を煽り、結果的に米国を分断することでした。

その結末が、2021年1月6日、1000名近いトランプ支持者が、選挙の不正を訴え、バイデンの大統領就任を阻止するべく、連邦議会を襲撃した事件です。

そして彼らの多くが、トランプこそがさまざまな陰謀から米国や国民を救う救世主であり、バイデンなどの民主党やその支持者は、自らの利権と権力をほしいままにするために真実を歪め不正を働く、悪の集団だと信じていました。

この事件によって、ここ数年の間で米国に深刻な社会的な分断が起きていることが明らかになりました。

同質性の高い内輪のコミュニケーションだけで完結し、異質なものを排除する。エコーチェンバー現象によって自己正当化が行われ、対立や分断が深まる。その結果が、この事件だと言えるでしょう。

他者の存在を認識し、尊重するところから始まる、本来の民主主義の理念はすでにそこにはありません。

代わってはびこったのが、自分たちと立場を異にする者に対する敵愾心や恐れでしょう。そして、誰かが自分たちの立場や利益を脅かそうと目論んでいるに違いない、という被害妄想、被害者意識が生まれてくる。

それによって自己保身的に他者を排除したり、攻撃したりする排外主義が大手を振って台頭しているのです。

言葉を変えて言うならば、米国人が対象を理解しようとする「読解力」を決定的に失ってしまった、ということに他なりません。

心地よい情報に囲まれた日本人

ひるがえって日本はどうでしょうか？　米国ほど深刻な分断が起きているわけではありません。

しかしながら、日本の場合は、社会全体が一つのコンセンサスに基づいて一元化しがちです。米国のように分断、分裂化するほどの社会的なダイナミズムがあるわけではありませんが、同調圧力が高く、エコーチェンバー現象が起きやすい文化的な土壌があるように思います。

その上にネットやSNSツールの持つ閉鎖性が重なることで、同じ考え方や価値観を持った、同質性の高い者同士でネットワークが完結し、異質な意見が入り込みにくくなりがちです。自分たちの考えや意見が、あたかも多数派のように錯覚してしまうのです。

さらに、ネットのフィルター機能が曲者です。フィルター機能とは過去に検索した内容などのユーザー情報をもとに、その人が興味を持ちそうな情報を拾い上げて示す機能です。

皆さんもお気づきと思いますが、パソコンを開きブラウザを立ち上げると、広告も情報も、自分の興味関心のあるものがズラリと並んでいるでしょう。それはフィルター機能が働いているからです。

自分にとって心地よく都合のいい情報ばかりに囲まれ、いつしかそれが当たり前になってしまう。しかもSNSでやり取りするのは、自分と同じ意見の人たちばかり……。それが続くとどうなるか？

自分の意見や価値観が大多数の意見だと錯覚し、自分にとって異質な情報、都合の悪い情報を受け入れる許容力がなくなってしまうでしょう。

コミュニケーションツールはたくさんあり、そのなかでのやり取りは膨大ですが、その内容はワンパターンなものばかりです。一見コミュニケーションがたくさんあるようで、じつはコミュニケーション不全の状態といってよいでしょう。そこでは決定的に「読解力」が失われていくことになるのです。

ワイプで人の表情を抜くのは何のため？

その流れのなかで起きているのが、ときに過剰に思える日本礼賛ムードだと思います。テレビの番組でも、相変わらず日本の伝統文化や科学技術などを外国人に紹介し、彼らが驚き、賞賛する様子を映すという、日本礼賛番組がゴールデンタイムに流されます。

このような日本礼賛ものは、最近はとくにYouTubeなどに比重が移ってきているように感じます。「中国人が日本のラーメンのおいしさに絶句！」「日本の街の美しさに驚く欧米人」といったタイトルの動画が目立ちます。

あたかも、日本人が他国民に比べて文化度が高く、手先が器用で繊細で、創造的なセンスに溢れた国民であるような気持ちになる。

ですが、ちょっと目を転じれば、ドイツやフランス、イタリアやスイスなどをはじめとして、多くの国々にも、モノづくりの確固とした歴史や伝統があり、古くからの地場産業が栄え、世界的なブランドが出ている地域がたくさんあります。

食べ物や料理も、日本では味わえないおいしいものが世界の各地にたくさんあり、私たちが知らないものがまだまだあるはずです。

それらに目を向けようとせず、十分な比較や検証もなく、自分たちの文化が優れている、特殊だと考えるのは単なる思い込みで、自己満足的な妄想に近いのです。

テレビの話が出たついでに、もう一つ。ワイドショーなどで、出演者たちの表情をワイプ（一つの画面を片隅からふき取るように消していき、その後に次の画面を現わしていく画面転換の方法。転じて、画面の一部分に小窓のような別画面を表示する方法を言う）で抜くことがいまや当たり前になっています。

悲惨なニュースには悲しい出演者の顔を映し出し、楽しい話のときには笑顔が映る。おそらく30年ほど前にはなかった映像手法だと思います。

果たしてそのような映像が必要かと私などは思いますが、ワイプで誰かの表情を確かめないと安心できないということなのでしょうか。

一つの出来事に対する反応や判断は人それぞれですから、いろんな反応、表情があったっていい。ところがワイプに出てくる表情は、皆同じです。もし、心和むような話のときに苦虫をかみつぶしたような表情をしていたら？　きっとツイッターなどでさんざんに叩かれるでしょう。

ある出来事に対して、誰もが同じ感覚、同じ感情を持たなければいけない。そんな同調圧力のようなものを感じるのは、私だけではないと思います。

皆が笑っているときにつまらなそうにしていたり、皆が悲しんでいるときに平然としていたりするのを許さない。いまの日本の社会の同調圧力、異質なものを認めないという傾向が表れているようにも思えます。

つまり、異質なものに対する耐性が低いということでしょう。自分と異質なものに対する恐怖心が、かなり強くなっているのではないでしょうか。

ナショナリズムは読解力の欠如から生まれる

じつは異質なものを排除しようとし、同質性を求めるのは、人間が社会を維持する上で半ば必然的、不可避的に身につけてきた習性でもあります。とくに近代以前の村社会にあっては、それが顕著だったのではないでしょうか。

近代以降、産業社会が到来して封建的なシステムが崩れるなかで、村社会もまた解体していきます。多くの人たちが家や土地、地域の紐帯から外れ自由になると同時に、工場労働者として都市に流れ込みます。

農村型の村社会から、都市型の大衆社会に変化するなかで、村社会的な同調圧力はいったん影を潜めたかに見えます。

しかし、さまざまなつながりや紐帯から解き放たれ、一見自由になった人々は、不安と孤独に向き合うことになります。その不安と孤独を解消し、もう一度つながりと連帯感を取り戻すために、人々は文化的同質性を再び求めるようになる。マスメディアの発達がそれを加速させていきます。

アーネスト・ゲルナーという英国の社会文化学者は『民族とナショナリズム』（岩波書店）という本のなかで、ナショナリズムがどのようにして生まれるか、そのメカニズムを解き明かしています。

彼によれば国民国家が誕生し、産業社会が到来することで、自由な民が増える。すると先ほどの流れで、人々は文化的同質性を強く求めるようになる。それによってナショナリズムが半ば必然的に誕生してくると解説しています。

国家は大衆の文化的同一性を煽ることで、バラバラになった個々人を再度統合し、さらに産業社会、資本主義の発達によって起こる貧富の格差による不満と分断を、それによって解消しようとします。

簡単に言えば、他の国家の脅威を喧伝することでナショナリズムを高め、そのなかで国内の不満を外に向けるわけです。

ゲルナーの指摘するナショナリズムのメカニズムは、まさにいま私たち現代社会が直面している問題だと言えるでしょう。

しかも、いまやマスメディアだけでなく、インターネットやSNSといったソーシャルメディアが、それをさらに加速させているのです。

日本もまた、狭隘《きょうあい》なナショナリズムに扇動され、いたずらに他国を敵対視し、自国の歴史を絶対化する動きが強まっているように思います。

問題はそのなかで、他者の立場や価値観を全く認めようとせず、自分たちの立場と価値観、論理だけで物事を判断し進めようとすることです。その意味において、現代のナショナリズムもまた、「読解力」の欠如から生まれていると言えるのです。

「読解力」の欠如によってナショナリズムが生まれたのか、あるいは狭隘なナショナリズムに染まるなかで、思考が頑なになり「読解力」が落ちたのか？　ニワトリが先か卵が先か？　おそらくその両方なのだと思います。

相手の内在的論理を知る力

いまや、社会の構造自体が「読解力」を妨げ、異質なものに対する耐性を失わせるようにできている。そのことを意識し、意図的に異質なものに対する耐性を高め、「読解力」

を高めなければなりません。

一番手っ取り早く、確実なのは、自分とは立場も考え方も異質な人物とつき合うことです。人種、性別、年齢もそうですが、職業、趣味嗜好、思想信条の違う人とつき合ってみるのです。

誰でも自分と異質だと認識した人に対しては、不安や恐れ、嫌悪感など、マイナスの感情を抱きがちです。

しかし、あえて異質なものに触れることで、自分の予想外の相手の反応や考え方、感じ方を知ることができます。

「なぜ、彼(彼女)はこんな反応をしたのだろう?」「なぜ彼(彼女)はこんな行動をするのだろうか?」

相手の立場に立ち、相手の考え方や受け止め方、思考や行動のパターンを読み解く。そうすることで相手の反応や行動を理解することができ、うまく対応することが可能になります。これこそが「読解力」の本質なのです。

これはインテリジェンスにおける相手の「内在的論理」を知るということと同じです。

なぜ中国はここにきて海洋国家を目指し、南シナ海に進出してきているのか？
なぜ、韓国はあれだけ頑なだった慰安婦問題で、譲歩し始めたように見えるのか？
ロシアは本気で歯舞、色丹の両島を返還し、日本との平和条約締結に取り組もうとしているのか……？

諸外国の動きとその意図、今後の動きなどを知る上で、それぞれの国がどのような歴史認識を持ち、どのような価値観と行動基準で判断し動いているか、その内在的な論理を知ることが外交において非常に重要になってきます。

もし、それがうまくできないと、たとえば北朝鮮が日本海に向けてミサイルを発射したことを開戦意志と捉え、戦争に突入してしまうことにもなりかねません。これまでの同国の行動パターンから、米国に対して何らかの対話を求める「サイン」であることがわかれば、冷静に対処することが可能です。

このことは対国家だけではなく、対集団や組織、対個人にも言えます。「読解力」とは「相手の内在論理を知ること」と同じと言ってよいでしょう。

小説は読解力を磨く最高のテキスト

「読解力」を身につけるには、自分とは異なる考え方の人とつき合うことが必要だと言いました。しかし、それがなかなかできないからこそ、問題になっているとも言えます。手っ取り早く、しかも効果的な方法は何か？　それは本を読むことです。それも一流の文学作品がよい。

小説のなかにはさまざまな人物が登場します。善人もいれば悪人もいる。成功者もいれば、犯罪人もいます。

よい作品ほど、人間への洞察が優れていて、ギリギリの葛藤や煩悶を描いています。たとえ極限的な状況を描いていても、一流の作品には登場する人物の性格や行動に必然性があり、物語を超えたリアリティが備わっています。

優れた小説を読むことで、現実ではなかなか出会うことができないような人格や状況に向き合うことができる。小説こそ「読解力」を身につける最高のテキストです。

なかでも世紀を超えて読み継がれている古典作品が一番です。とくにドストエフスキーの諸作品などは、現実には遭遇しづらい劇的な体験や、癖の強い人物と出会うにはもってこいです。

『カラマーゾフの兄弟』に登場する好色漢の父親フョードルは若い女性に熱を上げます。その女性を巡って争うのが、直情径行型の長男ドミートリーです。次男のイワンは長男と正反対の性格で、無神論者で冷徹なニヒリストです。

3男で主人公のアリョーシャは、これまた誰にも似ていない純真無垢で、宗教的な敬虔な人物です。ある日、フョードルは何者かに襲われ、寝室で遺体となって発見されます。普通に考えると、犯人は恋敵のドミートリーですが……。

『罪と罰』もまた犯罪小説です。主人公の貧しい大学生ラスコーリニコフが守銭奴の大家である老婆を殺害します。「非凡な選ばれた人物は、社会の発展のためであれば道徳を踏み外しても構わない」という超人思想からの犯行です。

確信犯だったラスコーリニコフは、しかしその後、思いがけない良心の呵責に苛まれます。そして娼家で出会った娼婦のソーニャと出会います。

私たちが日常到底出くわさないような事件や状況が次々展開していきます。なかでもラスコーリニコフの妹に言い寄るスヴィドリガイロフという男は、無神論者で悪魔のような冷徹な人物です。

彼もまた、普段あまり周りにいないような異質な人物ですが、彼の最期のシーンなどはとても印象的です。

これらの癖の強い登場人物たちの思考や行動に触れるだけでも、おそらく大変な経験値となる。読者の「読解力」を大きく伸ばしてくれるものだと思います。

自分の当たり前を壊していく

ジャン・ジュネという人物が書いた『泥棒日記』という小説もお勧めです。実際に、罪を犯して社会の裏側を渡り歩いた彼によって書かれた本作品は、半分事実で半分はフィクションだと言われています。

全編にわたって常識外の異質な思考と行動に溢れていて、私たちを驚かせます。ジュネは、泥棒や裏切り、暴力やホモセクシャルといった悪徳こそが、自分にとっての救いであり、神聖なものであるという逆説の世界で生きています。

読み進めるうちに、常識や道徳の範囲で生きる私たちこそが、生に対して不誠実であり、人に対して裏切りを働いているかのような気持になってくる。

自分がそれまで当たり前だと思っていたことが、大きく揺さぶられることこそ、「読解力」を高める貴重な体験となるのです。

その意味で、一種狂気に近い世界を描いた小説にも挑戦してみましょう。戦前に活躍した中国人作家の魯迅が書いた、『狂人日記』という作品です。

主人公が久しぶりに故郷で友人に会い、その友人の弟が病気だった頃に書いた日記を手渡されます。そこにはまさに狂気としか言いようのない、被害妄想と強迫観念に満ちた内容が書かれています。

街に出ると隣のオヤジも、遊んでいる子どもも、皆自分を恐れ、やっつけようとしている。おそらく18年前にある人の帳面の端を踏んづけてしまったことがきっかけだ。

そういえば、ある村の村人たちは一人の悪人を寄ってたかって殺し、その肉を食べたという。そうだ、この村の人も、そして自分の父や兄も、自分を食べようとしているのではないか？　いや、もしかすると自分自身、すでに人の肉を食っているのではないか？　人は人の肉を食ってしまう。でもまだ人の肉を食っていない子どもがいるはず。そうだ子どもを救え……。

妄想と狂気が入り混じった内容の小説です。この小説を中国の封建制度や儒教など、人を縛るものを象徴的に批判している作品だという説があります。そう考えると、狂気は薄まり、一般の私たちも理解できそうに感じます。

しかし、それではこの作品の奥深さと魅力が半減してしまう。作品をそのまま素直に受け止めてみる方が面白い。

人間の狂気の部分を受け止め、作品の世界を自分のなかに取り込むことで、むしろ狂気や異常に対する耐性ができる。つまり、人の狂気に対する「読解力」がついたということになります。

それはある意味、劇薬でもあります。処方の仕方を間違えると危険ですが、正しく使うとこれほど効く薬はない。

いずれにしても、小説で異質な物事を疑似体験することで、ある種の免疫ができると言ってもよいでしょう。

「読解力」とは、このようにいろんな状況や状態、立場や考え方などを体験、あるいは疑似体験しておくことで、柔軟に対応することができる力だと言うことができます。

読書を通じて、私たちは「読解力」を身につけ、磨くことができます。ただし、それにはしかるべき方法がある。

漫然と本を読んでいるだけではなかなか身につきません。次の章では、そのための読書の仕方について、具体的に見ていきたいと思います。

第2章

読解力とは
行間を読む力

「読む量」より「読み方」が重要

「読解力」とは「読む」「書く」「聞く」「話す」の四つの力の集合体です。つまりコミュニケーションそのものの力だと考えてよいでしょう。

このなかで、もっとも重要な力は「読む力」です。

読んで理解できないことは、聞いてもわかりません。読んで理解できないことは書けないし、話せません。

ですから、「読む力」がその人のコミュニケーション力の天井だと考えてください。逆に言えば、読む力をまず徹底的に鍛えることが大切です。

前章でお話しした『AＩ vs.教科書が読めない子どもたち』で、著者の新井紀子さんが面白いことを書いています。

彼女が調べたところ、「読解力」と読書習慣、勉強習慣はほとんど相関関係がなかったそうです。本を日頃からたくさん読んでいるのに、読解力が低い人もいる。勉強が好きで机に向かうことが多い子が、読解力が高いとは限らないというのです。

これは何を意味しているか？　問題はテキストをどのように読んでいるか？　その読み方が大事だということです。

たとえば以下の文章があったとき、あなたはどう読んで、どう判断するでしょうか？

「弱い犬はよく吠える。ポチはよく吠える。だからポチは弱い犬である」

この文章を読むと、3段論法として一見成立しているかに見えます。ですが、ポチが犬かどうかが明示されていません。ポチはもしかしたら虎かもしれません。そうなると、「ポチは弱い犬である」とは言えないということになります。

重箱の隅を突くような屁理屈だ、と言う人もいるかもしれませんが、じつはこのように文章をしっかり吟味して判断する力が読解力には不可欠です。

この問題は、東京大学名誉教授で哲学者の野矢茂樹さんが書かれた『論理トレーニング101題』（産業図書）から引用したものです。

ポチという名前から、私たちはそれが犬だと自然に判断してしまいがちです。しかし、それは先入観にすぎません。その先入観が、私たちの正しいものの見方をおかしくしてしまうことがあるのです。

さらにもっと細かく言うならば、「弱い犬はよく吠える」という前提が合っているとしても、よく吠える犬がすべて弱い犬だというわけではありません。

強い犬でもよく吠える犬がいるとしたら、「ポチが弱い犬である」という結論が必ずしも正しいとは言えないことになります。

以下のような文章がより正確だと言えるでしょう。

「弱い犬はよく吠える。犬のポチはよく吠える。だからポチは弱い犬である可能性が高い」

あるいは事実はどうあれ、論理の整合性ということであれば、以下の文章も成り立ちます。

「すべての弱い犬はよく吠え、すべての強い犬は吠えない。犬のポチはよく吠える。だからポチは弱い犬である」

一見まともな文章にも矛盾が潜む

漫然と文章を読んでいるだけでは、これらのことを細かく吟味することなく通り過ぎてしまうでしょう。では、次の問題です。

「人間はたんぱく質と水からできている。脳は人体の一部である。だから脳もたんぱく質と水からできている」ということは正しいでしょうか？

常識的に考えるならば、この文章で合っています。実際、脳も人体の他の組織と同じく、たんぱく質と水からできています。ただし、論理として成り立っているかはまた別です。

人間がたんぱく質と水からできていて、脳が人体の一部であることは事実だとしても、右の文章は、脳がたんぱく質だけからできている場合も、あるいは水からできている場合も矛盾しません。実際はあり得ませんが、この前提の文章だと、このような場合もあり得ます。

常識的には一見まともそうに見えても、論理的には矛盾が生じている。もし先ほどの文章を正しいものにするには、以下のように書かねばなりません。

「人間の細胞はたんぱく質と水からできている。脳は人体の一部である。だから脳もたんぱく質と水からできている」

脳も細胞から構成されていますから、人間の細胞がたんぱく質と水からできているのであれば、当然脳もたんぱく質と水からできていると言えるわけです。最初の文章の場合、「人間はたんぱく質と水からできている」という前提がおおざっぱであり、不正確な記述なのです。

文章を、このように細かく吟味し、論理的に検証しながら読み解くことが必要になります。ちなみにこれらの三段論法は、論理学的には「演繹《えんえき》法」として知られています。

普遍的な法則や真理があり、それを積み重ねて結論を導く。数学的な記号で表すとA＝B、B＝CならばA＝Cという論理構成です。

あるいは集合的な概念で言うと、AはBを含んでおり、BはCを含んでいる。ならば、CはAに含まれる。数学の集合記号であらわすとA⊂B、B⊂CならばA⊂Cという記号で表せます。

「演繹法」と「帰納法」の違いを理解する

論理にはこの他に、「帰納法」というものがあります。これはさまざまな事実を積み上げ、その結果としてこういうことが言える、と導くものです。

たとえばショウガが風邪に効くという結論を導くのに、以下のような論法を使う人もいるでしょう。

「風邪を引いたらショウガ湯を飲んだら楽になる。知り合いが言っていた。先日のテレビでも、ショウガ湯で風邪が治ったと言う人がいたし、東洋医学でも風邪にはショウガ湯を飲むことを勧めている。だから、風邪にはショウガが効く」

多くの事実を列挙して、そこから一般的な結論を導くというやり方です。統計学などはこのような推論の仕方で成り立っている学問と言えるでしょう。

私たちの日常会話でも、このような帰納的な推論、論法で話をしている人がけっこう多いのではないでしょうか。

しかしながら、当てはまる事実や事例が多いからと言って、必ずしもそれが一般論として正しいかどうか確定的に言うことはできません。一つでも反証や反例が出たら、その論拠は危うくなります。

より科学的なのは演繹法の方だとも言えますが、仮にショウガが風邪に効くと言いたいとしたら、以下のような3段論法があり得るでしょう。

「ショウガ湯を飲むと体温が上がることが知られている。一方、体温が上がると免疫力がアップするという研究がある。だからショウガ湯を飲むことで免疫力が上がり、風邪に効くと言える」

演繹法も帰納法も、論理的に話をするときには有効な方法です。また、文章を読むときも、これらを意識しながら、書き手がどのような論理構造で話を展開しているかを把握することが大事になります。

その際、これは演繹的な手法を使っているなとか、帰納法的な論旨展開だなと分析しながら読むことで理解が深まります。

演繹法にしても帰納法にしても、読解力をつけるには数学力＝論理力が不可欠です。それによってテキストの内容をしっかりと読むことができるようになります。

まず、この論理的に読む、ロジカルに読むということが「読解力」には必要です。論理的にテキストを読めなければ、当然文意を正確に理解することは不可能です。

接続詞を正しく使う

文章を読み解くのに、もう一つポイントになるのが接続詞です。接続詞があることで、文のつながり方がわかり、理解がしやすくなります。

たとえばこんな具合です。

「私は今年で50歳になる。だから、健康にますます注意しなければならない。しかし、相変わらず飲みすぎてしまう癖がある。というのも、酒を飲み始めたら酔っ払うまでセーブすることができない。ただし、酒を飲むのは自宅ではなく外がほとんどだ。したがって、これからはできるだけ外食を控えて、酒を飲む機会や場面を減らすことを目指している」

接続詞は主に6種類あります。

1・順接：「だから」「それで」「ゆえに」「そこで」「すると」「したがって」「よって」
2・逆接：「が」「だが」「しかし」「けれど」「けれども」「だけど」「ところが」「とはいえ」「それでも」
3・並列・付加：「そして」「それから」「また」「しかも」「その上」「さらに」「なお」「かつ」「および」

4・言い換え・補足：「つまり」「すなわち」「なぜなら」「たとえば」「ただし」「ちなみに」「要するに」「いわば」

5・対比・選択：「または」「あるいは」「それとも」「そのかわり」「むしろ」「ないしは」「いっぽう」「もしくは」

6・転換：「さて」「ところで」「では」「それでは」「次に」「ときに」

それぞれの働きをしっかりと認識し、文の流れを追うことでロジカルな理解ができるようになります。

ただし、気をつけなければならないことがあります。接続詞をあまりに多用すると、表現がくどくなり、むしろ読みにくい文章になってしまうことです。

元新聞記者だった池上彰さんは、接続詞はできるだけ省くことを推奨しています。できるだけ少ない文字数で事実を伝える新聞記事を書いていただけに、くどい表現を避けるというのがあると思います。

批判的に読めない日本人

論理的に文章を解読するロジカル・リーディングが、読解力の向上には不可欠です。さらに、よりその力を高めるために必要なのが、クリティカル・リーディングです。

クリティカル（critical）とは、日本語に訳すと「批判的な」という意味です。名詞ではクリティシズム（criticism）で、「批判」「批評」という意味になります。

じつは明治時代のはじめに、この英語が日本に来たときにどう訳すかで迷いました。というのも、英語のLoveと同じで、ぴったりとくる言葉がなかった。つまり、完全に一致する概念がなかったということです。

ちなみにLoveに関して、当時の宣教師たちは「ご大切」という日本語に訳したという話は有名です。その時代、「愛」という言葉は日本人にはほとんどなじみのない言葉だったのです。

さて、criticismはフランス語でcritique、ドイツ語でkritikですが、その大元はギリシャ語のkritikiです。その意は、「対象に対する価値判断や洞察」ということです。

先入観や既成概念を取り払い、自分の思い入れや主観を取り払って、客観的に対象と向き合う。一度まっさらにした状態で、対象の価値を判断したり、その奥にある深い真理を洞察したりする。それが本来のcriticismだと考えてください。

ギリシャでは芸術作品などの美的価値に関して、多くの人があれこれ意見を言うことがkritikiでした。

プラトンの作品に『饗宴』という話があります。ソクラテスがあるときお金持ちの家の宴に招かれた。そこで「エロース（愛）」に関してお酒を飲みながら、それぞれが自分の考えを演説しようという話になった。

エロースの神は、これまであまり詩人や哲学者に讃えられたことがありませんでした。それでは失礼だからというので、みんなで正しく評価し、讃えようということになった。

ある人は、「エロースによって美を意識し、他者を意識することで、人はより良くなろうとする。だから社会が良い方向に進む」と論じました。

ある人は「エロース自体に良い悪いがあるのではなく、道徳的に正しいエロースは美しいものになり、そうでないものは醜くなる」と主張します。

また、ある人は「肉体的な欲望ではなく、精神的な愛こそが至高の愛の形だ」と力説します。

最後にソクラテスが登場し、「エロースが美的感性によって導かれる限り、肉体的な低い段階から、人間関係の愛へと発展し、仕事に対する愛、そして最後に知（ソフィア）に対する愛へと昇華していく」と論じます。

エロースをこのようにしてさまざまな角度からとらえ直し、その価値や意義を構築していく。これこそがまさに kritiki の本質なのです。

日本語の批判という言葉は、もともと江戸時代の歌舞伎の言葉だそうです。谷町が、自分のひいきにしている役者のその日の演技の出来が良くないとき、役者に文句をつけた。それが「批判」であり、その言葉を criticism に当てたのです。

ですから、どうしても否定的なイメージ、ニュアンスが強いです。しかし本来の criticism は、もっと創造的なものなのです。

主観や感情にとらわれない読み方

文章の読解においても、先入観や思い込みを排し、フラットな目で客観的に文章を読み、その文意を理解することが、クリティカルな読み方だということです。

その上で、自分にとって賛成や共感できる部分はどこか？　逆に賛成できなかったり、反感を覚えたりする部分はどこか？　その根拠は何か？　これらのことを考え、分析しながら読むことがクリティカル・リーディングです。

その思考を行う上で必要不可欠なのが、先ほどお話ししたロジカル・リーディングであり、ロジカル・シンキングということになります。

前出の哲学者の野矢さんは、対象化して物事を捉えることを「メタ認識」と呼んでいます。メタとはより大きな視点でものを捉えること。哲学とはあらゆることを「メタ認識」する態度に他ならないと、ある対談で私に話をしてくれました。

たとえば、私たちが道に迷っていたとしましょう。目的地に達するために迷路のような道をどう進めばいいか？

迷路のような路地を必死で歩いているだけでは、なかなか正しい道順がわからない。そんなときは、高い建物に登って上から街全体を見下ろすと、目的地と現在地の位置関係や進んでいく方向が明らかになります。

クリティカルなものの捉え方や考え方というのは、まさにこのように視点を上に移動することで、より広い視野で全体を捉えるということです。自分の立っている位置が全体のどこらへんなのか？　他の建物と目的地の位置関係はどうなのか？　それらを総合することで、より全体像を正しく把握することができます。

同時に、メタ認識とは、引いた目線で物事を見るため、自分の主観や思い込みから離れるという意味合いもあります。

主観や感情にとらわれず、対象と少し距離を置くことで冷静に客観的に対象を理解する。自分の考えが絶対的ではなく、見る方向が違えばそれぞれ見え方が違う、ということを理解する。それは物事を相対的に捉えるということであり、思考の柔軟性を身につけるということでもあります。

ちょっと面白い問題を出しましょう。

ある人から見たら丸く見え、別の人から見たら四角く見え、もう一人別の人から見たら三角に見える。そんな物体が実際にあるでしょうか？

一見なさそうに思えますが、しかし、現実にそのような形の物体が存在します。さて、それはどんな形でしょうか？

物事とは見る方向によって、見る人によって違った形に見えてくる。それをものの形にたとえて言っているまでのことです。この問題自体が解けなくても構わないのですが、見え方の多様性、相対性を理解すること。それがクリティカルな視点を持つということなのです。

ドグマ思考に陥るのはなぜか？

ちなみに、このようなクリティカルな視点や思考と正反対なのが、ドグマと呼ばれる思考体系です。ドグマとは絶対的な価値観であり、自分たちの考え以外は間違ったものとする、排他的で固定的な価値体系のことを言います。

ドグマ主義は、原理主義的な宗教や思想などがそれにあたります。このような絶対的、独善的な考え方の下では、芸術や学問は成り立ちません。芸術も学問も自由にモノを見て、自由に美や真理を追究し、自由に表現できるからこそ成立するのです。

ただし、最初は自由であったもの、自由を目指していたものが、結果としてドグマ主義に陥ってしまうということも、実際によくあることです。

キリスト教でも、私はプロテスタントですが、カトリックなどはローマ教皇を頂点としたヒエラルキーが厳然としてあり、教義も一律でそこから外れたら異端とされます。するといつしかイエス・キリストが説いた「愛」の本質からズレてしまう。イエスの説いた「愛」とは何か？　それは教条主義に陥っていたユダヤ教を脱構築し、誰もがもっと自由に神とつながることができることを示した言葉であり、方法論に他なりません。

その自由な考え方も、その後ときを経て教会が組織化され、教義がドグマになり、固定化したところから腐敗が始まります。

それに対抗したのがプロテスタントでした。そこにはヒエラルキーやドグマはありません。上下関係のある組織を持たず、それぞれの教会で自由に活動し、自分たちの信じる教えに従うことができるのがプロテスタントです。

あるいは進歩主義を任じていた社会主義や共産主義が、硬直化してしまったのも同じ構造でしょう。

本来は弁証法的に社会が進化すると唱えるのですから、自分たちの主義もまた対抗する存在によってつねに変化し続けなければなりません。

ところが、対抗する存在を認めなくなった。それによって共産圏の多くの国々が理想から遠く離れ、進歩思想どころか自由のない社会となって硬直化し、崩壊したわけです。

少し話が逸れてしまいましたが、正しい「読解力」も硬直化したものの見方、独善的なモノの見方からは得られません。

メタな視点で対象と少し距離を置き、立体的、複合的に物事を捉える。すなわちクリティカルな態度を貫くことで、より深い理解や把握、洞察が可能になります。

「読解力」をつけるためには、まず自分自身の固定観念を取り払い、さまざまなものから自由になることが大事なのです。

あなたが掛けている「色眼鏡」は何色？

とはいえ、人間には必ずその人の拭い難い「主観」があることも事実です。どんな人でも完全にまっさらにものを見ることはできません。

クリティカル・リーディングを推奨する私も、プロテスタントのキリスト教徒である立場上、どうしてもそのような価値観に影響されている部分があります。

かつて外務省の分析官であり、インテリジェンスの現場にいたという経験や立場で、知らずに身につけている思考の癖もあるでしょう。

完全にフラットに、まっさらにものを見ることができる人など、実際には存在しないのです。

ただし、大事なことは、自分はどんな思考の癖があり、ものの見方をしてしまう傾向があるか、ということを認識していることです。

クリティカルな読書をするためには、色眼鏡で物事を見て判断してはいけません。しかし、理屈の上では正しいのですが、現実には難しい。誰もが何かしらの色眼鏡で見ており、自分もまた例外ではないことを知ることが肝要です。

そして、自分の色眼鏡が、どんな色で染まっているのか、染まっている可能性があるのかまで、知っておくことです。

ただし、自分の眼鏡の色を知ることはかなり難しい。むしろいろんな人のいろんな見方を知ることで、自分はおそらくこんな考え方、こんな色眼鏡を掛けているだろうと推測することができるのです。

逆に言うならば、相手の考え方を知るには、相手が掛けている色眼鏡と同じ色の眼鏡を掛けてみることです。

それは青い色なのか赤い色なのか、それとも別の色なのか。いろいろな眼鏡を一度掛けてみるのです。

それが前述した、相手の「内在的論理を知る」ことにつながっています。

これを読書に置き換えるなら、たとえば作者と同じ色眼鏡を掛けることで、作者の意図がより鮮明に見えてくるでしょう。登場人物の色眼鏡を掛けて物語を読むことで、作中の人物の行動や心理がより鮮明に理解できるはずです。

色眼鏡を排するのではなく、逆に利用することでいろいろな見方、考え方ができるようになります。

このようなことも、クリティカルに読むことの重要なポイントだと考えます。

体全体を使って読む効果とは？

相手の色眼鏡を掛けるということは、別の言葉で言うと、相手の立場と気持ちになってテキストを読むことに他なりません。つまり、「共感すること」と同じです。

クリティカルな態度とは、ある程度対象と距離を置き、対象を客観的に認識することですが、それだけではより深い洞察には至りません。

突き放すと同時に、ときには対象の懐に飛び込み、それと一体化してそれになりきる。同化し、共感することで、その奥にある真理をつかみ取るという姿勢も、クリティカルな態度の一つなのです。

たとえばあるテキストを読み、論理的に構成を分析し、構造を読み解くだけでなく、テキストの表現自体と一体化し、その表現に共鳴する。

小説のような散文もそうですが、とくに詩歌のような韻文を理解するには、そのような一体化と共感が理解をさらに深めてくれるでしょう。

テキストと一体化するという点でお勧めなのが、音読です。テキストを声に出して読むことです。

声に出して読むとは、こういうことです。

まず目から文字情報を拾い、それが電気信号として神経を辿って、脳に伝わる。それを脳が文章として読み取り、再び電気信号によって声帯に指令を発し、音声として出力する。その音声をさらに聴覚によってキャッチして、再び脳に伝える……。

インプット（目）⇒アウトプット（声）⇒インプット（耳）。この一連の作業を通じてテキストを読み、理解することになります。肉体的な連動が行われることで、頭だけでなく体全体で受け止め、理解することになる。それはテキストとある意味一体化することでもあります。

昔、寺子屋で読書といえば音読が当たり前で、黙読は基本的にありませんでした。「読書百遍、意自ずから通ず」という古い言葉がありますが、まさに声に出してたくさん繰り返すことで、文章を暗記することができるだけでなく、自然に内容を理解できるのです。

これは決して大げさでも、誇張でもありません。私も音読をすることで、理解しにくい本が理解できた経験が多々あります。若いころ、外交官試験のために読んでいた新開陽一さんらの『近代経済学』（有斐閣）がなかなか理解できませんでした。そこで音読してカセットに吹き込みました。

2時間テープで5本ほどになりましたが、それをもう一度聞いて、本を読み直す。すると驚くほど理解が進みました。

頭だけでなく、体全体を使った方がはるかに理解しやすいです。体を動かしながら覚えた方が効率よく暗記できることがわかっていますが、音読はまさに体を動かすことでもあります。

もう一つ、音読のよさは、自分が知らない言葉や漢字などを認識できることです。黙読だけだと、読めない漢字などもそのまま読み飛ばしてしまいます。ゲシュタルト心理学によれば、人間の脳は、たとえ一部が欠けていても、しっかりと元の形があるように理解できるように修正する機能があるそうです。

読めない漢字があっても、全体から何となく意味がわかるように脳のなかで再構成してしまう。だからスルーしてしまうことが多いのです。

それが音読では、実際に声に出すのでスルーできなくなります。読み方がわからなければ辞書なりネットなりで調べますから、その分読解力がアップするというわけです。

読解力の最終目標は行間を読むこと

ロジカル・リーディング、クリティカル・リーディングによって文意をより深くつかむことができたら、次の段階である、「行間を読む」ことができるようになります。

行間を読むとは、文章に書かれていない意図や流れを読み取るということ。クリティカルにテキストを読み解き、深く洞察することで、それらを汲み取るのです。

言い方を変えると、コンテキスト＝文脈を読み取ることとほぼ同じです。コンテキストとは明文化されてはいないものの、その背後にある共通認識、共有文化のことを指します。

言語外のコミュニケーションのことで、日本人のコミュニケーションはこのコンテキストが他国に比べると多いとされています。

「あ・うん」の呼吸とか、「空気を読む」という言葉があるように、日本の社会では、言語によらずに意思疎通する文化、習慣があります。

日本が島国だからだとか、文化的な同一性が強い土壌だからとか、農耕民族だからといった説明がされますが、ここではそれについて深く追求はしません。

じつはインテリジェンスの仕事とは、まさにこの行間を読む作業であり、コンテキストを読む作業なのです。というのも、外交的な文書にしても発言にしても、ほぼ必ずと言っていいのですが、テキストには明示されていないメッセージや情報が背後に隠されているからです。

それをいかに正確に、漏らさず汲み取るか。場合によっては発信者が意図しない情報までも、限られたテキストのなかから読み取らなければなりません。

プーチンが日本に送ったシグナル

一つの例を挙げましょう。

2021年6月4日、ロシアのプーチン大統領が世界主要通信社とのオンライン会見で、北方領土問題に言及しました。そのなかで、「憲法改正は考慮する必要があるが、日本との平和条約交渉を停止しなければならないとは思わない」との見解を示し、「交渉を継続する用意がある」と言明しました。

それに先立つ5月23日、共同通信が、1972年8月3日に作成されたソ連共産党中央委員会の会議録を、クレムリンを通じて入手しました。以前は極秘文書であり、本来なら表に出てこないものです。

その内容は、当時大平正芳外相の訪ソを前に、ソ連は同会議において歯舞群島と色丹島を日本に引き渡すことで平和条約を締結することを検討していた、というものです。

プーチンのオンライン会見と、機密文書の公開は決して偶然ではありません。ポイントはオンライン会見の直前に、クレムリンの承認によって、当時の極秘文書がわざわざ共同通信に渡されたということです。

ロシア側の意図は、プーチンが二島引き渡しを前提に平和条約を締結することを望んでいることを、裏側から日本政府に伝えることです。

表立ってそれを言明すると、ロシア側としても足元を見極められ、立場が弱くなる恐れがあります。また、ロシア内での引き渡し反対派を刺激するなど、うまくない事情がある。昔の秘密情報をそっと流し、同時にプーチン大統領が交渉継続の意思を示すことで、日本の方にロシア側の意図を推測してもらうよう仕向けているのです。

外交の舞台では、このようなやり取りが日常的に行われています。いろんな形でさまざまなシグナルを送ってくる。それをキャッチできなければ、外交交渉はうまくいきません。シグナルはテキストに表れているものだけでなく、多くがその背後に隠されているのです。

それはまさに「行間を読む」という作業と同じ。一種のゲームに近い感覚ですが、そのツボや法則のようなものがわかると、面白いように相手の意図を汲み取ることができます。利害を異にする国同士ながら、裏のメッセージをやり取りするなかで、一種の信頼感や一体感を抱いたりするようになる。それが結果として、外交的な安定をもたらすことにつながると考えます。

優秀なはずの外交官が行間を読めない

読書において行間を読む作業というのは、かなり高度なスキルと経験が必要になります。それはロジカル・リーディングやクリティカル・リーディングを駆使し、テキストから距離をとったり、逆に近づいて一体化したりして、ようやくできるようになります。

そして、この行間を読む作業はアカデミックな論文だとか評論、ノンフィクションよりも、小説などのフィクション、しかも純文学系のものほど必要とされます。

論文など、アカデミックで専門的なテキストは論理的に構成されています。帰納的、あるいは演繹的な手法で論理を展開し、結論に導いていく。行間を読まなければならない状況は、本来あり得ません。

論文を読む際はロジカル・リーディングができれば、まず理解することが可能だと言えるでしょう。

評論やノンフィクションも、基本的には事実と検証を積み上げていき、そこから結論を導いていく。構成としては、論文と同じカテゴリーと言えます。

ところが、小説になるとガラリと変わります。文学作品には論理的な文章はむしろ少なく、シミリ（直喩）やメタファー（暗喩）、アナロジー（類比）が多用され、飛躍的な表現がたくさんあります。

それらを読み解き、解釈し、作者や作品の意図や意味をつかみ取る。あるいは作品の価値を認識する。文学作品は教科書や辞書ではありませんから、解釈も価値判断も個々人の自由裁量です。好き嫌いも、善も悪も、傑作か凡作かも、それぞれの判断と認識、感性と感覚に従って自由です。

それだけに文学作品を読む作業は、大変高度な作業だといえる。ところが、高学歴者であるほど、文学作品を単なる娯楽や読み物だとして、低く見る傾向があります。それよりも学術書や専門書の方が価値が高く、レベルが高いように考えがちです。

学術書や専門書は難しい専門用語が並んでいますから、一見レベルが高そうに見えます。

しかし表現されていることは論理的で、その構成や構造もある程度形があり、決まっています。論理的思考力と語彙力さえあれば、だれでも文章を追っていけば理解可能です。ところが、文学作品はそうはいきません。行間を読まなければ、深い理解には達することができないのです。

じつはこのことを痛感したのが、外務省の主任分析官となり、後輩たちとチームを組んだときでした。この人たちは東大や東京外大卒の頭脳明晰で優秀な人材で、論理的思考力は抜群でした。しかし、インテリジェンスに必要なコンテキストを読む力、行間を読み、言葉の綾を汲み取る能力が著しく弱い。聞けば、小説など満足に読んだことがない。

これでは諸外国の外交官と伍して戦うことなどできません。そこで私は勉強会を始めました。古今東西の文学作品、古典的名著を読むことにしたのです。教養を深めるというよりも、行間を読む力をつけるというのが狙いでした。

最初はいまさら古典文学なんて、と馬鹿にしていた彼らですが、読書会で作品の文章を読ませ、それを解釈させるとじつにお粗末な解釈しかできない。彼ら自身に痛感してもらうことが先決だったのです。

言葉の裏を読めたら一人前

行間を読める人とそうでない人は、日ごろの人間関係や仕事でも大きく差が出ます。行間を読めない人は、相手の言葉を額面通りに受け止めます。

たとえば相手に何かをお願いする場合、「いいですよ」と相手が言っていても、本気で承諾している場合と、内心は嫌がっている場合があります。

表情や間、声のトーンなどからそれらを推察することができるかどうか？　行間が読める人であれば、その非言語的なサインを逃さないでしょう。行間が読めない人はそのサインに気づかず、言葉通り相手がＯＫしてくれたと受け止めてしまいます。

すると、人の気持ちを汲めない人間、強引な人という印象になり、人間関係がうまくいかなくなる可能性が高い。それは当然、仕事の成績につながります。営業マンのような職種であれば、即成績に響くでしょう。

ちょっと前までは、言葉の裏を読むことができるのが、立派な社会人の証のような意識が強かったと思います。上司や先輩たち部下や後輩に向かってストレートにモノを言うのではなく、オブラートに包んだり、あえて逆の言葉を言ったりすることがよくありました。

ある有力政治家の口癖で、「ご苦労さま」という言葉がありました。その政治家が「ご苦労さま」と言った場合は、相手をねぎらう意味ではなく、相手の実力に見切りをつけた場合でした。「お前にもう用はない」というのが本意なのです。

このように相手の口癖なども知っておかないと、「ご苦労さま」と言われて労をねぎらわれたと思い、ぬか喜びしてしまうことになります。

これと逆なのですが、ひと昔前に職場で多かったのが、期待を寄せているからこその叱責です。「こんなこともわからないのか!」というのは、その裏として「お前ならこれくらい理解できて当然だろう」という意味が込められています。

「いつになったら一人前に仕事ができるようになるんだ!」というのは、「期待しているのだから早く一人前になってくれ」という意味だったりします。極端な例になると、「お前なんか辞めちまえ」という罵倒にしか聞こえない言葉が、「歯を食いしばってでも頑張れ。そうすればものになる」みたいな意味だったりする。

いまの時代では到底考えられません。即、パワハラで訴えられてしまいそうです。ただ、

20年ぐらい前までは、オフィスで当たり前のように上司の怒号が飛び交っていたものです。それでも何とかうまくいったのは、お互いが言葉の裏の意味を理解し、暗黙の了解のなかでやり取りしていた部分があったからでしょう。

もちろん現在では通用しませんが、ある意味、汲み取るべき「行間」がたくさんあり、コンテキストに溢れた時代だったとも言えるのではないでしょうか。

読解力を構成する「要約」と「敷衍」

私がゼミや勉強会などで読書の仕方を教える際、必ず参加者にやってもらうことがあります。それはテキストの「要約」と「敷衍《ふえん》」です。

「要約」とは言葉通り、文章を重要な部分を抽出して短くまとめ、文意を簡潔に示すことです。「敷衍」とはその逆に、文意はそのままで、それをより詳しく、かつ理解しやすいように言葉や表現を変えながら話を広げていくことです。

私自身が学生の頃、塾の国語の先生に教わった方法です。「要約」と「敷衍」をセットで行うことで、テキストに対する理解が飛躍的に高まります。

まずは「要約」のやり方ですが、テキストのなかのポイントとなる文章を抜き出し、それを再構成します。

一般的なやり方としては、まず文章を段落ごとに分け、それぞれの段落で著者のもっとも主張したいこと、要点となる文章を抜き書きします。

だいたい、各段落の冒頭部分か最後の部分に結論がくる構成が多いので、意識するとよりわかりやすいと思います。

こうして、要点となる文章を箇条書きにして並べます。そして全体として著者が主張したいこと、論理構成をつかみます。その上で、そのなかからさらに重要なポイント部分を抽出し、著者の論理構成に従って再構成します。

偏差値秀才は敷衍することが苦手

「要約」と同じく重要なのが「敷衍」です。こちらはある文章を、その主旨に従って、自分の言葉で言い換えを行い、より詳しく、わかりやすく表現することです。

文字面を追うだけではなく、自分の頭で一度かみ砕いて、自分の言葉で表現する。ですから、まずしっかりと「要約」ができていることが前提です。

その上で、大事なポイントを別の表現で書き換え、論旨を展開していく。ここで大事になるのが、前にお話しした「行間を読む力」です。

行間を読むことで、文章のさらに奥深い意味を理解できれば、それを自分の言葉で表現することで、自然に「敷衍」が行われることになります。逆に言えば、「敷衍」ができない人は、行間が読めていない、つまりは「読解力」が不足しているわけです。

それだけでなく、「敷衍」は自分の言葉で表現するという点で、豊富な語彙力や表現力が必要になります。

ですから、作家や文章を書く仕事についている人は、敷衍する力が必要不可欠であり、それがあるからこそ職業として成立していると言えます。

まずはしっかりと「要約力」を身につける。その上で「敷衍力」を身につけるのが、正しい順番となります。この「要約」と「敷衍」ができることで、結果的に読解力は高まるのです。

その意味で、行間を読むことが苦手な偏差値秀才は、必然的に「敷衍」する力が弱くなります。逆にロジカルな能力は高いので、「要約力」は非常に優れています。するとどうなるか？

彼らはテキストを短く要約し、それを自分の頭に入れた段階で理解したつもりになり、満足してしまいます。なぜなら、マークシート式のテストなら、それで満点が取れるからです。

彼らは言葉を単語として覚えはするのですが、文脈のなかで捉えることをしない傾向があります。その結果、行間を読むこともできないし、敷衍することも苦手ということになります。

「要約」はできても、行間を読むことができず、「敷衍」ができないと、人にやさしく説明することはできません。彼らが難しい言葉を使うのは、何かをごまかそうとしているか、本当は理解できていないか、どちらかということです。

夏目漱石の作品で読解力を上げる

「読解力」を身につけるには論文などの固い文章よりも、小説などの文学作品を読むことが力をつけることになることは、すでにお話ししました。

では、具体的にテキストとしてどんなものを選べばいいでしょうか？　結論から言うと、明治の文豪である夏目漱石をお勧めします。

もちろん、他にもいい作家、作品はたくさんあります。しかし、漱石の作品は文章が非常に平易でわかりやすい。さらに、彼のテーマが近代自我の孤独と不安という、いまの私たちも共通に抱える普遍性を持っていることが大きい。

恋愛、人間関係、出世や成功、死生観……。一通り漱石の小説を読めば、近代以降の人間の葛藤や悩みは疑似体験することができるでしょう。

戦前、戦中、戦後から、現代にいたるまで、漱石の提示した文学的テーマは形を変えながらもずっと取り上げられているものです。

日本の文学が近代文学として生まれ変わったのは正岡子規によってだと、私は考えます。

子規こそ、俳句や短歌、詩歌を現代の文学として脱構築し、同時に話し言葉を文字に昇華させた最初の人物です。

漱石は子規の親友でした。子規は若くして頭角を現し、自らの文学的立場を確立します。一方、漱石はノイローゼになったり、イギリスに留学して挫折して戻ってきたりと、ずいぶん回り道をしているのです。

漱石は、子規の文学的な価値を早くから理解していました。子規は俳句を近代自我の表現の一つとして捉え、その溢れる情熱の発露の場として雑誌「ホトトギス」を発行します。漱石はそんな行動的な子規に対して、ずっと畏敬の念を抱いていたのです。

子規はご存じの通り結核が悪化して、わずか35歳でこの世を去ります。漱石はその子規の遺志をつぐかのように、その後『吾輩は猫である』『坊ちゃん』『明暗』『こころ』などの名作を次々に発表し、日本近代文学の父と言われるようになります。

それは、子規がやろうとしたことをより大衆化し、一般化したものだと言ってよいでしょう。ですから、明治時代の文章ですが、漱石の文章は非常に平易で、いまでも大変読みやすい。その意味でも、読解力のテキストとしてふさわしいと思います。

漱石の作品を声に出して読み、ロジカルかつクリティカルに文意を理解し、「要約」や「敷衍」を行えば、おそらく相当の「読解力」を身につけることが可能になります。ぜひ、皆さんも漱石の作品に、もう一度触れてみてほしいと思います。

第3章

特別講義

小説を通して読解力を身につける

中学生――読書の面白さに目覚めた

それでは、「読解力」を身につけるための実践編に移りましょう。

読解力を身につけるには、クリティカルにテキストを読むことが必要だということは、すでにお話しした通りです。

そのような読書の習慣は、できるだけ早いうちに身につけることが望ましい。心身共に成長期である中学、高校のときに読書の仕方の基本を学ぶべきでしょう。

私自身、読書の面白さに目覚めたのは中学校に入って、学習塾の国語担当の岡部宏先生に読書の仕方を教わったときからでした。

岡部先生が最初に勧めてくれたのは、モーパッサンの『首飾り』という小説でした。派手な社交界に憧れる美貌の女性が、自らの見栄のために思わぬ人生の回り道をしてしまうお話です。一読して、その救いのない不条理なストーリーに魅かれました。

そのとき、岡部先生が教えてくれたのが、前章でお話しした「要約」と「敷衍」の大切さです。私は感想文で、「主人公が借金の返済のためになりふり構わず頑張る描写など、いくつかの情景がありありと目に浮かびます」と書いたら、先生に良いところに気づきましたね、と大変褒められました。

モーパッサンは自然主義文学の代表的な作家で、余計な主観を排して、できる限りリアルな描写を心がけた作家だと先生は教えてくれました。まさにその描写のリアリティが、当時の私には印象的だったのです。

作品が書かれた当時は自然科学が台頭し、合理的で理性的な方法論が重要視されるようになった時代でした。小説などの芸術作品にも、その時代性が反映していると先生から教わり、目が開かれる思いでした。

小説を作品だけでなく、時代的、文学史的背景から読み解くと、さらに理解が深まることを知ったのです。

その後、岡部先生の指導の下、太宰治の『晩年』、島崎藤村の『破戒』、田山花袋の『蒲団』、夏目漱石の『こころ』などを読みました。中学時代にしっかりとした指導者の下で、作品の価値や本質をつかみ取る訓練ができたことが、何より幸運だったと思います。

そこから小説の面白さに目覚めた私は、海外の作家、作品へと興味が広がっていきました。

自然主義文学の生みの親と言えるフローベルやカミュといったフランス文学を始め、ツルゲーネフやトルストイ、チェーホフ、ドストエフスキーといったロシア文学などに傾倒していきました。

文学というのは、一種の予防接種、ワクチンのようなものかもしれません。品行方正な真面目な登場人物ばかりでは、面白いストーリーはできません。癖が強く、傲慢で性格の悪人もたくさん登場します。

むしろさまざまな人間の弱さや悪を描くのが近代以降の文学だとも言えます。ドストエフスキーなどが典型ですが、一流の文学ほど、よりリアルに悪を描いている。

私たちは文学でそれらを疑似体験することで、不条理や悪に対する免疫力ができるのです。ちょうど無毒化された病原菌を体内に入れることで、抗体を作るワクチンと同じメカニズムなのです。

読解力とは、自分と異質なものをどれだけ受け入れられるか？　その力だとお話ししました。その意味でも、読書によって多様な「異物」や「毒」に接することで、抵抗力が増し、読解力がアップするというわけです。

三浦綾子さんの『塩狩峠』を読み解く

今回、私はさまざまな縁があって、横浜にある学校法人横浜英和学院の青山学院横浜英和中学高等学校で集中講義をすることになりました。同学院は中高の一貫校で、140年を超える歴史を持つキリスト教プロテスタント系の学校です。もともと女子校でしたが、2018年から男女共学になりました。

同校の中学3年生、14名を集め、「真理はあなたたちを自由にする～三浦綾子の『塩狩峠』を手掛かりとして学ぶ～」をテーマに、2021年3月17日、18日、24日の3回にわたって講義を行いました。

『塩狩峠』は、作家三浦綾子(1922～1999)さんの代表作です。三浦さんは北海道旭川市で生まれ、16歳で小学校教員となります。時代は軍国主義の真っただ中。戦前、戦中と三浦さんは軍国主義教育を行うことを余儀なくされます。

戦後、民主主義の世のなかになり、自分が教えてきたことが間違っていたことに絶望し、三浦さんは教職を去ります。その後まもなく肺結核と脊椎カリエスを併発。長い闘病生活中にキリスト教と出会い、1952（昭和27）年、洗礼を受けてプロテスタントのキリスト教徒になります。1963（昭和38）年、『氷点』が朝日新聞の懸賞小説に入選し、64年に同紙の連載小説として掲載が始まります。

その後、旭川を拠点に小説家として執筆活動を続けます。『塩狩峠』は、1966（昭和41）年4月から約2年半にかけて日本基督教団出版局の月刊雑誌『信徒の友』に連載されたもので、1968（昭和43）年9月に新潮社より刊行されます。連載時から非常に好評を博した同小説は、後に松竹によって映画化もされました。

この小説は、実例をもとに作られたものです。1909（明治42）年2月28日、敬虔なキリスト教徒で、まじめな鉄道職員として人望の厚かった長野政雄さんという人が、非番で天塩線（現在の宗谷本線）に乗ります。天塩峠に差し掛かったとき、最後尾の客車の連結器が外れ、坂道を逆走して下り始めます。

加速がそのまま続けば、カーブの多い峠で客車は脱線することは自明でした。鉄道職員であった長野さんは必至で手動ブレーキを引こうとしますが、うまく作動しない。長野さんはとっさに身を投げ、自分の体を障害物にすることで客車はなんとか停止したのです。

じつは長野さんが意図的に身を投げたのか、事故だったのかは定かではありません。しかし、長野さんの人となりを知る人たちは、誰もが長野さんが自ら犠牲になったことを疑いませんでした。勇敢で感動的な自己犠牲の話として、当時全国で話題になりました。

この実話をもとにして作られたのが、『塩狩峠』です。作品では主人公の永野信夫の幼少期から始まり、多感な思春期に多くの人たちと出会いながら成長していく姿が描かれます。やがて就職し、鉄道職員となった永野は、同僚の三堀峰吉が給料袋を盗んでクビになるところを上司に頼み、何とかそれを逃れます。そして三堀とともに旭川に転勤となります。このような同僚をかばう献身的な永野の行動も、モデルとなった長野さんのエピソードがもとにあるようです。

長野さんは職場で実際にできの悪い人物、素行が悪く他から見放された人物を、自分の部下として進んで引き受けたそうです。どんなに粗暴でひねくれた鼻つまみ者でも、長野さんの深い愛情に心打たれ、改心し、誰もが驚くほど人物が変わったそうです。

このような人柄だったので、列車事故の際、長野さんを知る誰もが、「きっと自己犠牲となって飛び込んだに違いない」と確信したそうです。

さて、小説の方では、婚期が遅くなっていた永野でしたが、いよいよ同じキリスト教徒で、親友の妹のふじ子と結婚が決まります。その結納のために、旭川から札幌に向かう車中、実際に長野さんが直面した事故に出くわします。手動ブレーキを試みるもうまくいかず、とっさに身体を投げ出して列車を停めます。

明治時代の実際にあった出来事を取材し、多くの関連の人たちにインタビューし、数年の歳月を経て三浦さんは小説を完成させます。ちなみに塩狩駅から徒歩2分ほどのところに、当時三浦さんが取材・執筆のために滞在していた「塩狩温泉ユースホステル」がありました。2006年に閉館となり、2015年に解体されました。

自分のなかに悪が存在することに気づいた

『塩狩峠』も岡部先生から紹介されて読んだ本です。もともと、私の母親がプロテスタントのクリスチャンで、小学生のときから母と一緒に教会に出入りしていました。

私は中学に入学し、心身ともに成長していくなかで、さまざまな悩みや葛藤を体験するようになります。キリスト教に対する関心が高まっていたこともあり、『塩狩峠』は私に強烈な印象を投げかけました。

当時、私は埼玉県立浦和高校を目指して勉強していましたが、同学年の友人が自殺する事件がありました。彼は成績優秀で、浦和高校も大丈夫だと言われていた秀才でした。そんな真面目な彼が万引きを犯し、店の通報で駆けつけた母親にこっぴどく叱られたそうです。

彼は家を飛び出し、そのまま首を吊って亡くなってしまった。そんな事情も最初はわからないまま、私たちは誰もがショックを受け、悲しみにくれました。ところが私自身、よりショックだったことがありました。それは受験の強力なライバルが一人減ったことに、どこかホッとしている自分がいるのに気づいたことでした。

それまで、キリスト教にも触れていましたから、自分は神を信じ、清く正しく行動しているという気持ちがありました。ところが、自分のなかに友達の死を望んでいるような、忌まわしい悪が存在していた――。

なんとも言えない気持ちを、私はある牧師さんに打ち明けました。牧師さんは、「それが私たち人間が持つ悪であり、原罪なのです」と言いました。そして自分自身も人を妬み、人の失敗を喜ぶ嫌な人間で、どんなに反省しても直らないという絶望を打ち明けてくれました。「さあ、一緒に神に祈りましょう」。私は牧師さんの祈りの言葉に手を合わせながら、初めて自分のなかの悪と罪を知り、涙を流しました。

内に潜んでいる悪というものに慄《おのの》く経験をした私は、敬虔なキリスト教徒が自らの命を投げ出して人を救ったという長野さんの話に深い感銘を覚えました。悪を持つ自分のなかにも、長野さんのような気持ちが眠っているかもしれない。キリスト教が自分のなかの悪と向き合う強さを与えてくれるのではないか。小説を読んで、そんな気がしました。

中学卒業後の春休みに一人で塩狩峠へ

高校受験を終え、高校に進学するまでの春休みを利用して、私は北海道を一人旅しました。じつは、以前から私はソ連、東欧諸国を一人で旅したいという希望を、両親に打ち明けていました。

高校生になったら夏休みを利用してその夢を実現したらどうか、と両親は勧めてくれました。受験後の春休みの北海道旅行は、そのための予行演習の意味もあったのです。

小説の舞台となった塩狩峠をこの目で見てみたい——。北海道旅行の目的の一つでした。

中学校の卒業式が終わったその日の夜、私は上野を出発し、函館、札幌を経て和寒に到着。塩狩峠はもうすぐそこでしたが、すでに遅い時間になっていました。

和寒のユースホステルに一泊し、次の日の朝に塩狩峠に向かうことにしました。ちょうど、同宿に北関東の商業高校の3年生の人がいました。なんと、その人も『塩狩峠』を読んで感動し、この地を訪れたのだと言います。

すっかり意気投合した私たちは、次の日の朝、一緒にユースホステルから塩狩峠までバスで行きました。塩狩駅の駅長さんに聞くと、駅の数百メートル先に長野さんが飛び込んだ場所があると教えてくれました。

雪が1メートルほども積もっていて、固く凍っていました。私たちは何度も足を取られ、尻もちをつきながら向かいました。

小説では、永野が殉職したあと、婚約者のふじ子が現場を訪れます。同じように一面雪で覆われた景色のなか、ふじ子は突然ばたりと倒れ、号泣します。

雪景色のなかで、私はなにやらふじ子の鳴き声が聞こえたような気がしました。そして思わず涙が溢れました。見れば同行した高校生も、同じように目に涙をいっぱい溜めていました。小説の最期に書かれていた、聖書の言葉がよみがえりました。

「一粒の麦、地に落ちて死なずば、唯一つにてあらん」

イエスは礼拝のためにエルサレムを訪れていたギリシャ人に向かって、こう諭します。

「人の子が栄光を受ける時が来た。はっきり言っておく。一粒の麦は、地に落ちて死ななければ、一粒のままである。だが、死ねば、多くの実を結ぶ。自分の命を愛する者は、それを失うが、この世で自分の命を憎む人は、それを保って永遠の命に至る」(「ヨハネによる福音書」12章23－25)

一粒の麦は、地に落ちて自らの存在を捨てることで、新たな芽が出てたくさんの実をつけることができる。しかし、地に落ちず一粒のままではそのまま増えることはない。「自分の命を憎む」とは、「自分の命に執着しない」という意味でしょう。

自分の存在に執着しない人＝他人のために生きることができる人こそ、多くの人のなかで生き続け、神の下で永遠に生き続ける。イエスは、そう言いたかったのだと思います。

自分のなかの悪を思い知った私ではありましたが、その一方で小説のなかの永野のような自己犠牲に対する思いも持ち合わせていると信じたい。自分は果たして自らを犠牲にすることができるだろうか？　そのためにはどう生きたらいいのだろうか？

若いころの葛藤と純粋な思いが、この小説に詰まっているのです。

人は誰かに感化されて生きていく

そんな思いを、当時の私と同じくらいの年齢の生徒たちと、果たして共有することができるだろうか？

もちろん年齢も時代も、性格や考え方も違うのですから、まったく同じ感覚を抱くことは不可能でしょう。しかし、どんな形であれ、何かを感じてもらうことはできるはずです。キリスト教プロテスタント系の学校であり、日ごろからキリスト教に親しんでいる環境でもあります。その彼ら・彼女らがキリスト教の愛や自己犠牲の精神、悪の存在とそれに対する向き合い方について、それぞれに考え、受け止めてもらえたらありがたい。

講義のタイトルは「真理はあなたたちを自由にする」にしました。これは「ヨハネの福音書8章32節」に出てくる言葉です。

神の真理の下を離れた人間は、罪を犯します。「はっきり言っておく。罪を犯す者はだれでも罪の奴隷である」（ヨハネによる福音書8章34）。真理は人間を悪から切り離し、罪を遠ざけます。それゆえ、罪の奴隷から解放されるのです。仏教で八正道という真理に従った生き方をすれば、煩悩から逃れられると考えるのと似ています。

キリスト教とくにプロテスタント的には、原罪から逃れられない人間にとって、真理は聖書を読み、神にひたすら服従することでしか得られません。

私自身の体験からすると、その神に服従する気持ちは聖書を読んでいきなりイエス・キリストの威光に打たれるよりも、身近なキリスト教者からの感化が非常に大きいのです。私にとってはそれが母親であり、教会で知り合った牧師さんなどでした。

これはキリスト教などの宗教に限らず、読書体験や、その他さまざまな学びに関しても、塾の先生や高校、大学で知り合った先生たちの影響が大変に大きかった。

人間は本から学ぶ以上に、すでにその本やテキストに触れ、何かしら変容を遂げた生身の人間から影響を受けることの方が、はるかに大きいと思います。

それはその人が持っている知識や知性に影響されるというよりも、その人が持つ一種の波動や輝きのようなものです。そのような人の言葉には言霊があり、行動には強いメッセージがあります。それが人を動かし、変容させる。これが「感化」というものです。

親子で読み、共に読解力を鍛える

新約聖書でも、イエスの弟子たちは誰もが最初は師の言動を理解できず、イエスを落胆させたり怒らせていました。ところが、ゴルゴタの丘で十字架に架けられ、事切れるイエスの受難と、その後のイエスの復活を目の当たりにして見事に変容します。

それまでの出来が悪く、ちょっとしたことで動揺していた弟子たちが、イエスの教えを広め、伝えるべく覚醒するのです。彼らは周辺世界に旅をしながら、弾圧をものともせず布教します。ペトロなど何人かは、そのため捕らえられ殺されます。

しかし、それによってキリスト教は現在まで残り、大きな影響をいまだに与え続ける世界宗教になりました。これこそが「感化」のもっとも典型的な例だと思います。

『塩狩峠』では、永野にお世話になりながら、永野を煙たく思う三堀が、重要な存在となっています。三堀はもともとひねくれた性格で、周囲から尊敬され慕われる永野に対して斜に構え、僻み、偽善者だと思い込もうとしています。

そんな三堀が事故現場で永野の犠牲の死を目の当たりにして、決定的な変容を遂げるのです。あれほど嫌っていたキリスト教に入信し、洗礼を受けます。そして一生をキリスト教徒として生きる決意をする。

この小説自体のテーマが、まさに「感化」の真理を描いているのです。多くの人から感化を受け、その影響によって今日の私があります。その私が、今度は若い人にどれだけ影響を与え、感化することができるか？　そういう役目を担う歳になってきました。

今回、中学生に教えるのは初めての経験でしたが、本書の本題である「読解力」について思った以上に掘り下げて伝えることができました。学生への講義ですが、大人が読んでも十分役立つ内容だと思います。親子で読んでもらえたら、なおいいかもしれません。

では、その講義の内容を抜粋してご紹介しましょう。

特別講義録

「真理はあなたたちを自由にする
〜『塩狩峠』を手掛かりとして学ぶ〜」

佐藤　さて、皆さんには、『塩狩峠』という本を読んでどんな感想を持ったか、ぜひ聞かせてほしいのです。昭和38年に書かれた作品であり、書かれている内容はさらに昔の明治時代のお話です。いまとはずいぶんと時代背景が違いますが、率直な感想を聞かせてください。

――　主人公の永野さんは最後に列車の乗客を自分の命を捨てて助けたのですが、私がそんな状況になっても、絶対にできないことだと思います。とくに永野さんはこれから結納、結婚をしてたくさんの幸せが待っていたので、それを考えるとますますできないことだと思います。

1968年刊行『塩狩峠』（新潮社）。主人公の永野信夫は親友の吉川の妹で、結核を患うふじ子と結婚が決まる。結納のため札幌に向かう途中、塩狩峠に差しかかったとき、列車が暴走する。信夫はハンドブレーキに手をかけたが……。

佐藤　はい、ありがとう。永野のような行動がその場になってできるかどうか？　それはふだんの生活のなかではわからないと思います。ふだん、意気地なしの人がいざというときにとても勇ましく大胆になる。逆に、ふだんすごく立派に見える人が、体が震えて何もできなくなったり……。

私自身、ロシアの大使館時代など、モスクワで戦車が大砲を撃ち、銃弾が飛び交っているところなど、いろいろな場面に出くわし、いろんな人を見てきました。

あなたはいま、とても自分じゃできそうにないって考えていますが、そういう人が意外にいざというとき頑張れたりします。そういうときって頭で考えて行動するんじゃない。とっさに反応し、体が動くのです。永野もおそらくそうだったのだと思いますが、そこにはふだんからの信仰があったからだと思います。

批判的な態度で本を読むことが大切

――私は小説を読んで、主人公の信夫や三堀など、いろんな人の考え方の変化が興味深く感じました。結局、それらは人との関わりのなかで変化するものだと思いました。そのなかで、信夫の母の菊が信仰一筋なのですが、母親として子どもの信夫に対する態度がちょっと冷たいように感じました。

佐藤 良い視点だと思います。たしかに私も同感です。おばあちゃんのトセは孫に対する愛情が良くも悪くも強く出ていますね。ところが母親の菊は、トセにキリスト教の信仰を捨てるか、家を捨てるかと迫られ、信仰の道を選びます。

キリスト教徒としては正解かもしれませんが、子どもを持つ母親として果たしてどうなのか？　その意味で菊は非常に冷たいところがある人だと私も思います。

肉親の情よりも思想や信条の方を重視する。その対象がキリスト教ならまだしもですが、これが軍国主義でお国のために死ぬべきといった思想であったら、けっこう大変なことになります。軍国の母みたいな言葉がありましたが、大義の前に自然な人間の情を捨てる。そうなると、決していい時代や社会じゃなくなります。

あなたのように「批判的に本を読む」ということが大事です。おそらく作者は、菊をそのような冷たい人間として設定しているわけではないと思う。むしろ敬虔なキリスト教徒であり、それゆえ本来の母親としての幸せをつかむことができなかった犠牲者という視点が強いと思います。

しかし、作者の意図が100％正しいわけでも、小説の主張が正しいわけでもありません。人間が作ったものですから、場合によっては不自然な設定だったり、違和感のあるキャラクターが出てきたりします。

作品を鵜呑みにするのではなく、引いた目線で距離を置いて冷静に分析し、判断することが大事です。この姿勢を批判的態度といいます。

批判というと非難すること、否定することといったイメージが強いですが、この場合の批判は英語で言うところの criticism です。物事を対象化して、客観的に分析し評価するという意味です（第2章68ページ参照）。

そういう視点で見ると、キリスト教徒をヤソと呼び、毛嫌いする祖母とか、その祖母に反抗できず、奥さんの菊を別に部屋を借りて住まわせる信夫の父親とか、そういう人たちの考えや行動に対してどう感じる？

——おばあちゃんに押し切られる父親が頼りなく感じました。

佐藤　そうだよね。いまの時代で考えると、そこまでおばあちゃんに抑えつけられなくてもいいじゃないかと思ってしまう。でも、当時は明治時代です。家の存在というのが非常に大きかったし、父母の力がいまよりはるかに強かった。まして士族の家系です。

それにヤソと呼んでるように、キリスト教を弾圧していた江戸時代から、まだそれほど時間がたっていない。世間的にもキリスト教に対する風当たりはまだ強かった。色々な背景がいまの時代と違う。そういうところを加味して考えないといけません。それもまた、本やテキストを対象化する、すなわち批判的に読むということなんです。

三つの「愛」の形について考える

――私は何度か読み返しても、愛についてよくわからないことがありました。中盤あたりで恋愛の話が出てきますが、後半では人に対する愛の話が書いてあり、多分、愛と恋を対照的に書いているのかなと思いました。恋愛に関して信夫さんは奥手なようですが、人に対する愛に関してはとても行動的で、キリスト教の言う愛とは、こちらの方を言っているのかな、と思いました。

佐藤　大変良いところに気づいたと思います。この「愛」という言葉も、明治時代に翻訳するのに苦労した言葉でした。

英語ではLove、ドイツ語でLiebe。江戸時代にキリスト教が入って来て、宣教師たちはこれにピッタリ当てはまる言葉がないことに気づきます。

仏教の教えのなかに愛という言葉が出てきますが、あまりいい意味で用いていません。仏教では「愛着」とか「愛欲」というように、執着や欲望という意味で使うことが多かったんですね。ですから、一般的にはあまり愛という言葉は使われることがなかった。

宣教師たちが最初にどう訳したか？　それが「ご大切」という言葉です。「神の愛」は「神のご大切」と訳し、「隣人を自分のように愛しなさい」（マタイの福音書22章39節）というイエスの言葉も、「隣人を自分のように大切にしなさい」と訳しました。

キリスト教は西洋文化を基盤にしていますから、その大元のギリシャの哲学まで遡って考えないといけません。

ギリシャでは愛には三つの形があると考えました。ひとつが「エロース」で、自分が持っていないもの、欠けているものに憧れ強く求める気持ちです。男女が魅かれ、肉体的な欲望を抱くのもこのエロースとされています。

　エロースは欠けているものを求めるわけですから、たとえば資格を取りたいと頑張る、ピアノを弾けるようになりたいと、一生懸命練習する。これもエロースです。将来医者とか弁護士になりたい。そのためには資格が必要で、そのために勉強を頑張る。これも自分に欠けているものを得ようと欲する、エロースの働きです。

　もう一つは「フィリア」で、これは「友愛」と訳されます。友達同士、対等な関係のなかでの同士としての友情のようなものを指します。学問の喜び、つまり知ることの喜びみたいなものも、このフィリアに分類されます。哲学はギリシャ語でフィロソフィですが、フィロ（愛）という言葉が入っていますね。

　そして最後の愛が無償の愛であり、神の愛でもある「アガペー」です。見返りを求めず、ただ与える無尽蔵の愛がこのアガペーです。わかりやすく言えば、親が子どもに対して注ぐ愛情は、このアガペーに近いと言えるでしょう。

　神の愛も、この親が子を愛する愛にたとえられます。人間には悪があり、原罪もある。

ですが、神はそんな人間の欠点をわかっていながらも、ひたすら人間を気にかけ、愛してくれる。キリスト教ではそのように考えます。

この『塩狩峠』には、エロースとフィリア、アガペーの三つの愛の形が現れます。まさにこの小説のテーマが、「愛とは何か」ということです。ですから、大変いいことに気づいたということです。

1回目はざっと読み、2回目はじっくり読む

さて、皆さんにとって『塩狩峠』は長い小説だと思います。途中までしか読めていない人もいるようですが、なかには2回3回と読んできている人もいるようです。大変、素晴らしい。何度も読むというのは、本を理解する上でとても大事なことです。

私も、良い本だと思ったら、最低3回は読むようにしています。1回目はざっと目を通して内容をつかむ。2回目はじっくり時間をかけて精読します。そして印象に残ったところやポイントなどを、ノートに書き出します。

3回目はポイントや要点を押さえた上で、もう一度全体を読みます。こうして3段階3回の読書によって、その本を理解することができるようになります。

この講義では、皆さんにぜひ「読解力」を身につけてほしいと思います。

ちなみにコミュニケーションには「読む力」「聞く力」「話す力」「書く力」という四つの力が必要です。このうち、一番基礎となる大切な力は何だと思いますか?

――「聞く力」でしょうか?

――「読む力」?

佐藤 はい、そうです。「読む力」が一番の基礎なんですね。生まれてから言葉を覚えるまでは、親の話す言葉を耳で聞いて覚えます。ただし、一度言葉を覚え、文字を覚えてからは言語を音声ではなく、文字を読むことで学んでいきます。

読むことで語彙を増やし、文章表現を学び、文章の意味をより深く知ることができるようになる。すべては読むことから始まるのです。

とにかくたくさん本を読み、さまざまな文章に触れることが大事です。そうやって「読む力」がつけば、「聞く力」「話す力」「書く力」もアップします。

もちろん、たとえば英語を学ぶ際、リーディングだけやっていればリスニングの力がすぐにつくわけではありません。リーディングをやりながらリスニングの訓練もしないといけません。

ですが、リーディングをおろそかにしてリスニングだけいくらやっても上手にならない。やはりリーディング、読む力が基本だというのが私の考えです。

数学が苦手な人は社会に出てから苦労する

読む力というのは、基本的には「論理力」だと考えます。まずは論理的に物事を考える力が身についていないといけません。論理には「言語的論理」と「非言語的論理」の二つがあります。

言語的論理というのは、まさに言葉による論理です。「演繹法」とか「帰納法」という言葉を聞いたことがありますか？

——3段論法とかでしょうか？

佐藤　そうだね。3段論法は、「人間は誰もがいつかは死ぬ」「プラトンは人間だ」「それゆえプラトンもいつかは死ぬ」というもの。これが「演繹法」という論法です。

もう一つの「帰納法」は、「アリストテレスは死んだ」「ソクラテスも死んだ」「プラトンも死んだ」、だから「人間は誰もがいつか死を迎える」という論法です。事実をいくつも挙げて、その共通点を導き、一般法則にするのです。

私たちの言語的論理の基本は、この「演繹法」と「帰納法」が中心になります。その他に、「背理法」だとか「弁証法」といった論理思考法がありますが、ちょっと高度になるので、いまは考えなくて結構です。

こういった言語的論理を扱う教科は、国語、英語、社会などです。それぞれの教科のテキストはすべて言語的論理によって表されているので、これらの教科書をしっかりと読み、その意味を理解することで、自然にその力が身につきます。

一方、非言語的論理も大事です。これは数字や記号などで表されるものです。教科で言えば、もちろん数学です。理科は言語的論理と非言語的論理の中間くらいかな。

この言語的論理力と非言語的論理力は密接に関わっています。論理的な文章を読んだり書いたりするのが苦手な人は、数学が苦手な人が多い。逆に、国語が得意だけど数学が苦手という人は、高校生まででであれば、少し訓練すれば数学は必ずできるようになります。

皆さんのなかで数学が苦手だという人？　やはりけっこう多いですね。そのなかで国語は得意だという人もいるでしょう。そういう人はとくに食わず嫌いの可能性がある。数学はしっかりやってください。早いうちに数学の苦手意識をなくすことが大事です。

というのも、皆さんも大学に進学するとして、7年後、大学院修士課程に進んでも9年後には就職して社会に出ることになります。このときに、たとえば私立大学の文系の人の場合、国語と英語と社会の3つの教科選択でクリアすることができる。

すると、中学校の数学ができないまま、社会に出ることになる。そうなると大変で、地方の役所に勤めるとなると採用試験の項目に教養科目があって、その半分くらいが数学なんです。レベルは中学3年生くらいまで。これが国家公務員になると、高校1年生の秋くらいまでのレベルになります。

民間の企業も、多くがＳＰＩという適性検査を導入しています。そこでは数学問題も多く、やはり中学3年くらいまでのレベルが問われます。ですから、数学を避けて大学までは行けても、いざ就職となると厳しくなる、という現実を知っておいてください。

もちろん、これらは試験対策です。ですが、数学をやることで論理的思考が鍛えられるので、社会に出て仕事をする上で、その力がとても役に立ちます。仕事は優先順位と段取りが大切ですが、それを考えるのは論理的な思考です。

私としては、皆さんに数学検定試験の3級を今年のうちにぜひ取ってほしい。とてもよくできている試験で、丁寧に採点してくれます。

言語的論理、非言語的論理のいずれの力も大事ということ。その力を普段から意識してつけるようにすることが大事なんです。

昔は音読するのが当たり前だった

佐藤　さて、それではいよいよ『塩狩峠』（新潮文庫）の重要か所を読みながら、その都度皆で考え、読解力を高めていきましょう。では、400ページの「峠」というところから一人ずつ声に出して読んでいきましょう。

適当なところで私がストップを掛けますから、それまで順番に声を出して読もう。声を出して読むことがとても大切です。そうすることで、文章の理解ができていないところ、読めない漢字などがわかります。

ちなみに昔の寺子屋では、本を読むというのは声に出して読むということでした。黙読の場合は「本を見る」という表現を使った。読書は音読が当たり前だったわけですね。

※400ページからのあらすじ

いよいよ永野は結納を前に、名寄の鉄道の寮の一室で三堀と一緒に夕食をとっていた。三堀の嫁である美沙は永野がついに結婚することを知り、なぜ三堀ではなく永野と一緒にしてくれなかったのかと、兄の和倉に食ってかかる。目の当たりにした三堀はひどく機嫌を損ね、永野を再び憎んでいた。そのため、酒を飲みながら、やたらと三堀は永野に食ってかかった。

（音読）「永野さんは、どうして女遊びをしないんです？」　三堀は酔った目を信夫にす

えた。信夫は言われて考えてみた。信者だからという言葉は、信夫の場合成り立たなかった。信夫は信者になる前から、女を買ったことはない。「永野さん、ね、あんた女をいままで買ったことがないんですか」「ないですね、一度も」「へえー、一度もね」　あきれたように三堀は信夫を見た。「じゃ、女を見て、ムラムラッと感ずることもないんですか」「それは感じますよ、始終」　信夫はまじめに答えた。「ホウ、始終感じるんですか。その顔で……」　じっと信夫の端正な顔を眺めてから、三堀は言葉をつづけた。「女なんか、糞食らえという顔をして、チーンとすましていて、感ずることは感ずるんですねえ。人が悪いよ、永野さんは」　信夫は苦笑した。「それで、どうして一度も女を買わないですむんですかねえ。おれにはわからない。うす気味の悪い話だね。そんなの偽善者っていうのかな」（三浦綾子『塩狩峠』405ページ1行目～406ページ2行目）

佐藤　はい、そこまで。三堀はとても嫌らしく永野に食い下がりますね。自分の奥さんが永野の結婚を前に取り乱したことが、やはりショックだった。永野に対する積年のコンプレックスが、ここでまた噴き出したわけです。

それにしても、ここで言っていることは、なかなか皆には理解できないかもしれない。

三堀が永野に向かって「女性を買ったことがない」ということで驚き、問い詰めている。いまの時代は売春防止法というのがあって、組織的に不特定多数の人から女性を介してお金を取るということは禁じられています。

ですが、この時代はそれがありませんでした。だから女遊びという言葉がありますが、国家が、そういう売春を公的に認めていた。そんな時代が終戦直後まであったんです。

いろんな事情があって、生活のためにそういった仕事に就かざるを得ない人がいる。ただ、いまの時代は男女のつき合いは、あくまでも自由意志が前提です。その自由意志のなかには、お金で性を売ったり、買ったりする人がいる。

それは、キリスト教的にはとても考えられないことです。神の意思に背く行為なんですね。人間は神によって作られた大切な命であり、神の意思に従うものでなければならない。ですから男性女性関わらず、その存在が尊重されなければならないというのがあります。だから相手を性の道具にしてはいけない。

三堀と永野のやり取りのなかに、このようなキリスト教徒と、一般の人たちの思考と行動の違いが表れているんですね。

聖書は男性と女性をどう描いているのか

さて、男性と女性の話が出たので、ここでもう少し話を掘り下げてみたいと思います。この作品もそうなのですが、キリスト教自体にも、女性の位置というのが微妙な部分がある。そこで、聖書で男性と女性をどう描いているかを、おさらいしてみましょう。旧約聖書の創世記第1章の26節から読んでみて下さい。

（音読） 神は言われた。「我々にかたどり、我々に似せて、人を造ろう。そして海の魚、空の鳥、家畜、地の獣、地を這うものすべてを支配させよう」　神は御自分にかたどって人を創造された。神にかたどって創造された。男と女に創造された。神は彼らを祝福して言われた。「産めよ、増えよ、地に満ちて地を従わせよ。海の魚、空の鳥、地の上を這う生き物をすべて支配せよ」

佐藤　はい、ここではっきり言っていますね。神は神にかたどって男と女を創造されたと。ところが……、次の2章第18節から読んでみよう。

（音読） 主なる神は言われた。「人が独りでいるのは良くない。彼に合う助ける者を造ろう」　主なる神は、野のあらゆる獣、空のあらゆる鳥を土で形づくり、人のところへ持って来て、人がそれぞれをどう呼ぶか見ておられた。人が呼ぶと、それはすべて、生き物の名となった。人はあらゆる家畜、空の鳥、野のあらゆる獣に名を付けたが、自分に合う助ける者は見つけることができなかった。主なる神はそこで、人を深い眠りに落とされた。人が眠り込むと、あばら骨の一部を抜き取り、その跡を肉でふさがれた。そして、人から抜き取ったあばら骨で女を造り上げられた。主なる神が彼女を人のところへ連れて来られると、人は言った。「ついに、これこそわたしの骨の骨わたしの肉の肉。これをこそ、女（イシャー）と呼ぼう　まさに、男（イシュ）から取られたものだから」　こういうわけで、男は父母を離れて女と結ばれ、二人は一体となる。

佐藤　はい、どうでしょうか？　先ほどの1章26節の文章と矛盾していないかな？

――　1章では男と女が造られたと書かれているのに、2章の解説では最初に男性が生まれて、そのあばら骨から女性が造られたと書かれています。

佐藤　そうだね。明らかに矛盾している。でも、昔、子どもの頃、教会などで牧師さんから、「これはまず1章でおおざっぱに神が男女を創造したということを述べ、2章でより詳しくその経過を述べているのです」というように教わりました。

でも、その後、大学の神学部へ行って勉強すると、そうじゃないことがわかった。聖書の成り立ちを詳しく調べてみると、どうやらさまざまな文献をあるとき一つにまとめて作ったらしい。矛盾する記述があってもどちらが正しいかよくわからない。それで、両方載せようということだったようです。

そうすると、2章の話が果たして正しいかどうかもあやしい。この記述がなされた時代は、男権的な社会で、男性の方が女性よりも優位に立っていることにしたい、というバイアス＝偏りがあると考えられます。

本来、イエス自体には男性と女性を差別する発言はありません。しかし、キリスト教が世界宗教として流布するうち、どうしても男権的な社会の色に染まってしまったということがある。

そこでこれらの偏見やバイアスを取り除き、本来のまっさらなキリスト教にしようという神学がフェミニズム神学です。聖書を読む場合は、男権的な時代や社会の背景を考え、そのような記述や表現を鵜呑みにせず、フラットな目線で理解してほしいと思います。

読み飛ばさない。調べながら読む

※408ページからのあらすじ

酒に酔った三堀を布団に寝かしつけた永野は、ふじ子のことを思いながら眠りにつく。次の朝、ふじ子の家のある札幌に向かうため、名寄のキリスト教青年会のメンバーに囲まれて出発する。前の晩、永野は彼らの前で講演を行い、感動を呼んでいた。

一人ずつ順番に『塩狩峠』終盤を音読

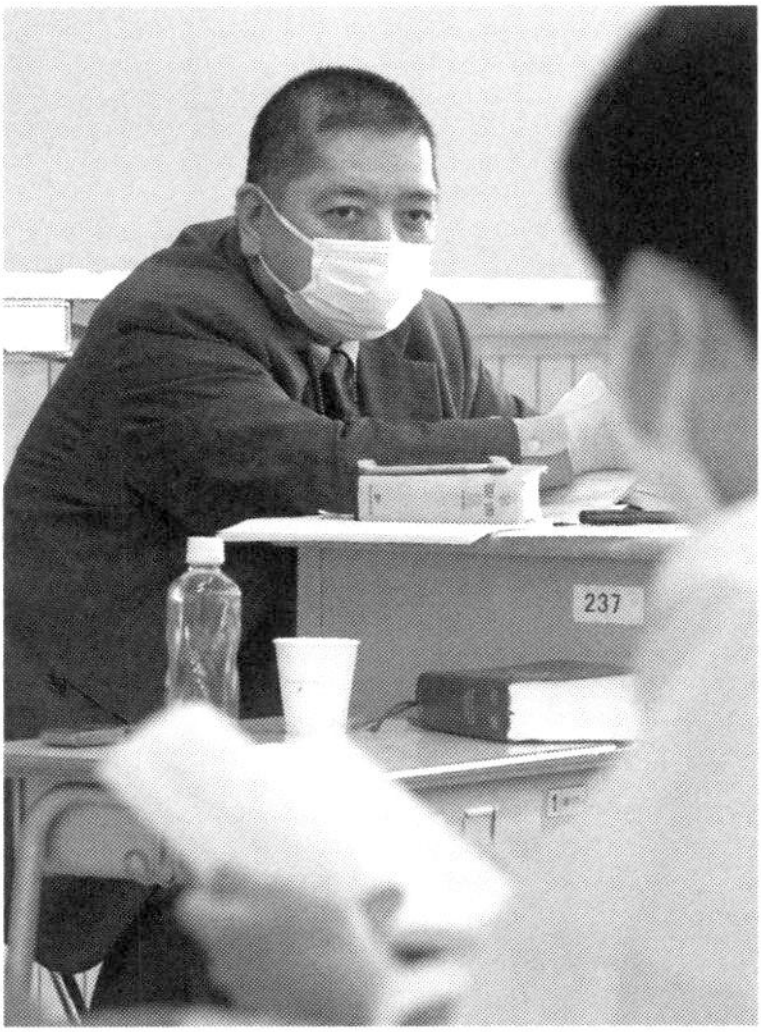

（音読）「やあ永野さん、昨日はありがとうございました。大盛会でしたね」支部長の村野が、若者らしい感激を込めて言った。昨日午後五時から七時まで行われた結成会には、和寒《わっさむ》、士別《しべつ》などからも集まり、町の青年も加えて、五十人という多数の人々が一堂に会したのである。田舎の小さな駅としては、こんなにたくさんのキリスト教青年会員を勧誘でき

るとは、考えられないことだった。（三浦綾子『塩狩峠』408ページ10〜14行目）

佐藤　はい、それではいまここで地名が出てきましたね。「名寄」「和寒」「士別」。これを地図で皆さん見つけてください。はい、見つかった人は手を挙げて。

——名寄だけは見つかりました。

佐藤　名寄は見つかった？　では、その下に士別があるでしょう？　そのちょっと左の方に和寒がある。それで、和寒を下に降りていくと旭川があるでしょう？

——ありました。

佐藤　小説に実在の地名が出てきたら、地図で確認するといい。地理的な感覚を磨いておくことも、小説を読む上では重要です。それにしても、北海道の地名はあまりなじみのないものが多いと思わない？　それはアイヌ語がもとになっているからなんだ。

いま、『大日本百科全書（ニッポニカ）』を配りました。皆さんは、たとえば和寒という土地を調べるときにどうしていますか？　ウィキペディアで調べる人が多いかもしれないけれど、それはやめた方がいい。なぜだと思う？

——信用できないからですか？

佐藤　その通り。ウィキペディアは誰でも書き込めるので、間違いがある場合もあります。だから１００％信用できるかというと怪しい。やはり百科事典などに当たることを勧めます。ウェブであれば、無料の「コトバンク」がお勧め。これは百科辞典から取ってきている情報だからです。

私は有料版の「ジャパンナレッジ」というものを使っています。こちらは百科事典、人名辞典が網羅されている。ただ、1年間個人で契約すると2万４０００円くらいします。皆さんが買うのは難しいけれど、公立図書館なら入っていますから、図書館でジャパンナレッジで調べるのが一番いいと思います。では、和寒の解説部分を読んでみて。

――北海道中央部、上川総合振興局管内の町。１９５２（昭和27）年町制施行。町名はアイヌ語ワットサム（ニレの木のかたわらの意）に由来する。

佐藤　アイヌ語で言うところのワットサムが、日本人が聞いてワッサムに聞こえた。だから和寒という地名になったんだ。本来の意味はニレの木のそばにあるという意味で、この土地にニレがたくさん生えていたことが考えられます。続けてください。

――天塩川の支流剣淵川に沿って、ＪＲ宗谷本線、国道40号が通じ、道央自動車道和寒インターチェンジがある。名寄盆地の最南部に位置し、東、南、西の三方を300〜700メートルの山地に囲まれる。1901年（明治34）剣淵屯田兵村の公有地を民有に移したのち団体入植による開拓が始まった。

佐藤　はい、屯田兵って何？

——農耕をしながら、土地を守る兵隊のことですか？

佐藤　そう。農耕をしながら銃を持っていて、その土地を守る。で、誰から守るの？

——ソ連？

佐藤　外国じゃない。当時ソ連は、まだそれほど力を持っていなかったよ。ここは重要なポイントです。北海道はもともとアイヌの人たちが住んでいたでしょう。アイヌの人たちは狩猟採集をして暮らしていたから、農業はやらない。そこに和人が入って来て、彼の土地を勝手に獲ってしまった。開拓と言えば聞こえはいいけれど、アイヌの人たちからしたら侵略です。

屯田兵がなぜ武装しているか？　それはアイヌの人たちからの抵抗や反撃を防ぐのが目的です。そうやって武力を背景に開拓を進め、抵抗がほとんどなくなったところで、日本の各県、各地域からの集団移住が始まります。それで北海道にはその場所ごとに、宮城県や新潟県、福岡県など、地域の文化や言葉、訛りが残っていたりします。

屯田兵のモデルは、アメリカです。アメリカも先住民族のいわゆるインディアンがいて、この人たちの土地を奪って入植した。だから北海道ってアメリカ的な場所なんです。ただ、先住民族のアイヌからしたら、自分たちの土地を奪われたという意識です。

1970年代以降、世界中の先住民族がグローバルに連携し、地位の向上や権利の保障を求め、国連で議論されるようになりました。2007年に「先住民族の権利に関する国際連合宣言」が採択され、日本政府も賛成します。翌08年には「アイヌ民族を先住民族とすることを求める決議」が衆参両院の満場一致で可決され、日本政府もアイヌが先住民族だということを正式に認めました。

でも、意外に皆、その意識が欠けているよね。だからお笑いの人が、テレビでアイヌ民族を侮辱する発言をして深刻な問題になりました。

物語の本題とは関係ないかもしれないけれど、北海道が舞台であるからには、このような負の歴史というものも、私たちは知っておかなければなりません。それが、前にお話しした、批判的にテキストを読むということにもつながっているのです。

言い換える力を身につける

※410ページからのあらすじ

汽車が走り出し、信夫は夜には予定されている結納を思い嬉しい気持ちになった。列車が士別に着くと、タコ帽子をかぶった男や大きな荷物を背負った女など7、8人が乗り込み、五十近い男が動き出そうとした頃飛び乗り、三堀の隣、永野と向き合う形で座った。

（音読）「失礼ですが、あなたは東京の方じゃありませんか」「おや、どうしてわかります？」言ってから男は信夫の顔をまじまじと見た。「どこかでお見かけしたような……」男は呟くように言って首をかしげた。「もしかしたら、あなたは六さんじゃありませんか」信夫はなつかしさに声を弾ませた。「へえ、わたしは六造ですが……あなたさまは」「わたしは、ホラ、本郷の永野の……」言いかけた信夫のひざを、男はポンと

たたいた。「ああそうそう、永野さまの坊っちゃまでしたな。そうだ。たしかに坊ちゃまですよ。お小さい時の面影が、残っております。しかしりっぱに大きくなられましたなあ」　六さんは思いがけない邂逅に、顔を紅潮させた。「坊ちゃま、お久しぶりでございます」（三浦綾子『塩狩峠』411ページ8行目〜412ページ6行目）

佐藤　はい、「邂逅」って別の言葉で言うと？

――会う？

佐藤　そうだね。出会うことだよね。このように言葉を言い換えることも、読解力をつける上で大きな力になります。つまり語彙をたくさん増やすのです。同義語、異義語をたくさん知っているほど、表現の幅が広がります。それは理解の幅が広がることと同じです。

主人公の目線から離れてみる

さて、ではまたテキストに戻りましょう。

（音読）「坊ちゃま、お久しぶりでございます」　六さんは立ち上がってあらためて頭をて

いねいに下げた。そのとたん、汽車の動揺に足がよろけて三堀の肩に手をついた。「や、これはどうもとんだご無礼をいたしました」　三堀はニヤッと笑って、頭をふった。坊ちゃまと呼ばれている信夫の育ちに、三堀はかすかな反発を覚えた。（三浦綾子『塩狩峠』412ページ6〜11行目）

佐藤　はい、六さんが永野に対して「坊ちゃま」と呼んでいますね。永野の家は昔の旗本ですから、江戸時代は大変位が高かった。

それが明治維新になって、一気に世のなかが変わって没落するのですが、もともとは名家であることは変わりありません。

そんな永野の出生に、三堀はひがんで反発を覚えています。皆さん、こんな三堀のような人と友達になりたいと思うだろうか？　あるいは女子なら、将来こんな人と結婚したいと思う？

――なんだかひねくれていて意地悪そうです。

佐藤　だよね。でも、ここで考えてみて。本を読んでいると、どうしても主人公の目線で読みがちです。でも、もしみんなが三堀のような立場だったら？

たとえば男の子だったら、あるとき突然自分のクラスにジャニーズみたいなかっこいい男子が転校してきた。女子ならモデルみたいなきれいな子が突然現れる。

そして勉強もできてスポーツもできて、おまけに人望も厚くてみんなから好かれる。そんな完璧に思えるような人が近くにいたら、皆はどう思うだろう？

——嫉妬してしまうかもしれません。

佐藤　そうだよね。自分よりも優れていると感じたり、恵まれていると感じる人に対して、僕たちはやきもちを焼いてしまうものです。そして、そういう人に対して反感を覚え、意地悪をしたくなってしまう。

あるいはそういう人が失敗したり、不幸な目にあったりすると安心したり喜んだりする。人間には誰でもそんな気持ちがあるんじゃないだろうか？

本のなかでは三堀って僻みっぽくて意地悪で嫌だと思うけれど、もしかしたら、私たちそれぞれ、三堀のような部分があるかもしれないよね。

人間とはどこまでズルい生き物なのか

佐藤　ここで「原罪」というキリスト教の考え方をもう一度おさらいしましょう。皆さんは旧約聖書でエバが木の実をとって食べた話はもちろん知っているよね。どういう話？

――　エデンの園でアダムとエバが暮らしていたのですが、神様から食べてはいけないという木の実があって、蛇があるときエバを食べるようにそそのかして……。

佐藤　はい、そういうふうにあなたは聞いているわけですね。では、聖書のその部分を読んでみましょう。創世記3章の1節から読んでみて。

（音読）　主なる神が造られた野の生き物のうちで、最も賢いのは蛇であった。蛇は女に言った。「園のどの木からも食べてはいけない、などと神は言われたのか」　女は蛇に答えた。「わたしたちは園の木の果実を食べてもよいのです。でも、園の中央に生えている木の果実だけは、食べてはいけない、触れてもいけない、死んではいけないから、と神様はおっしゃいました」　蛇は女に言った。「決して死ぬことはない。それを食べると、目が開け、神のように善悪を知るものとなることを神はご存じなのだ」　女が見ると、その木はいかにもおいしそうで、目を引き付け、賢くなるように唆《そそのか》していた。女は実を取って食べ、一緒にいた男にも渡したので、彼も食べた。

佐藤　はい、どうですか？　蛇は女に食べてみろとそそのかしただろうか？

――いいえ、そそのかしていません。

佐藤　だよね。蛇はその木の実を食べても「決して死ぬことはない」と言い、「それを食べると、目が開け、神のように善悪を知るものとなることを神はご存じなのだ」と言っただけでしょう。

それを聞いて、勝手にエバは「おいしそうだ」と思って取って食べたのですね。ところがエバは神に対してどう言ったかというと、同じ章の13節を読んで。

（音読）　主なる神は女に向かって言われた。「何ということをしたのか」女は答えた。「蛇がだましたので、食べてしまいました」

佐藤　蛇は騙しましたか？

――いいえ。

佐藤　明らかに嘘をついているよね。今度は7節から読んでみて。

（音読）二人の目は開け、自分たちが裸であることを知り、二人はいちじくの葉をつづり合わせ、腰を覆うものとした。その日、風の吹くころ、主なる神が園の中を歩く音が聞こえてきた。アダムと女が、主なる神の顔を避けて、園の木の間に隠れると、主なる神はアダムを呼ばれた。「どこにいるのか」　彼は答えた。「あなたの足音が園の中に聞こえたので、怖ろしくなり、隠れております。私は裸ですから」　神は言われた。「お前が裸であることを誰が告げたのか。取って食べるなと命じた木から食べたのか」　アダムは答えた。「あなたがわたしと共にいるようにしてくださった女が、木から取って与えたので、食べました」

佐藤　はい、そこまで。ここでアダムの言葉に違和感を覚えませんか？　神が「とって食べるなと命じた木から食べたのか」と聞いている。だから、食べたか食べないかを答えればいい。ところが、アダムは「あなたがわたしと共にいるようにして下さった女が、木から取って与えたので」と、余計なことを言っているでしょう。

これって、要は「あなたが女なんて言うものを作って渡したから、こんなことになったのだ」という責任転嫁じゃない？　アダムは自分が食べたのはエバのせいであり、つまりはエバを作った神のせいだということをほのめかしている。

ひどいでしょう？　エバはエバで蛇の責任にするし、アダムはアダムでエバはおろか神のせいにしようとしている。

それで神は呆れてしまったわけ。自分の作った人間は、ここまでズルいのかと。つまり人間には本性として悪がある。ごまかしたり責任転嫁したり、汚い方に流れる習性がはっきりしたのが、この創世記のシーンなんです。

三堀も私たちも同じ人間でしょう。ですから、どこかに共通した嫌らしさ、汚さ、傲慢さなどがある。そう考えるのが、キリスト教の考え方なのです。

ミルクティの美味しさを説明できる？

佐藤　ちなみに、「父なる神」という言葉をよく使いますね。では、母なる神はいる？　神様って結婚していたっけ？　そんなことはないでしょう。キリスト教やユダヤ教もそうですが、神は唯一の存在です。ではなぜ「父なる神」と言うのか？

――父のような存在ということでしょうか？

佐藤 そういうこと。つまりは比喩であり、アナロジー（類推・類比）なんです。父なる神と言うと、どんなふうに感じますか？

――強くて、厳格で……。

佐藤 そうですね。いざというときには助けてくれるような。でもなぜそんなアナロジーを使わなきゃいけないのでしょう？　ところで、皆さんはコーヒーとか紅茶を飲むかな？

――紅茶が好きです。

佐藤 どんな紅茶？

――ミルクティーが好きです。

佐藤 そう。ならばミルクティーの美味しさを説明してもらえるかな？

――えーと……。甘くて、まろやかで…。

佐藤 言葉で説明しようとすると難しいでしょう。とくに理屈で説明しづらい。たとえば「やわらかで、キャラメルみたいな」と言うと、感覚が伝わりやすい。

哲学者のヴィトゲンシュタインという人は、「コーヒーの香りについて説明できないような人が、神についてどうして説明できるであろうか」と言っています。

食べ物の味を説明するとき、私たちはアナロジーを用います。同じように、神についてもとても理屈では説明ができません。なぜなら私たちよりもはるかに大きな存在で、私たちの認識の枠を超えていると考えられるからです。

理屈では説明できないものを何とか伝えたいとき、私たちはアナロジーやメタファー（隠喩）を使う。逆に言うと、それらを使わなければ、神を説明することはできない。

古代イスラエルでは、父というのは、家族の生活の面倒を見なければいけなかった。それから外敵から攻撃されたときは命をかけて守る。その類推から、神を「父なる神」と呼んだわけです。ですから、実際に神が男であったり、夫婦で子どもがいて、その父親であったりというわけではないのです。

ナンマイダって何のこと？

※412ページからのあらすじ

六造と永野は昔の話を語り合い、懐かしんだ。汽車はやがて和寒を過ぎ、塩狩峠の頂上に近づいていた。普通ならこの勾配のきつい峠を越えるのに前と後ろに機関車が付くが、この日は先頭だけに機関車が付き、後ろには付いていなかった。

（音読）汽車は大きくカーブを曲がった。ほとんど直角とも思えるカーブである。そんなカーブがここまですでにいくつかあった。「ありがとうございます。坊ちゃま、虎雄がどんなに……」六さんがこう言いかけた時だった。一瞬客車がガクンと止まったような気がした。が、次の瞬間、客車は妙に頼りなくゆっくりとあとずさりを始めた。体に伝わっていた機関車の振動がぷっつりととだえた。と見る間に、客車は加速度的に速さを増した。いままで後方に流れていた窓の景色がぐんぐん逆に流れていく。（三浦綾子『塩狩峠』417ページ11行目〜418ページ1行目）

佐藤　昔の機関車というのは馬力が小さい。なので、勾配がきついところを走るときは前後に機関車が付いていました。ところが、この日は前だけだった。それで、峠の手前、つまり登坂で、どういう拍子か連結が外れてしまった。そうするとどうなる？

――外れた客車の方が、坂道を下り始めます。

佐藤　そうだよね。しかも塩狩峠は、勾配はそれほどでもないけれど、けっこうダラダラと長い坂が続きます。すると、どんどん加速していくわけだね。続けて読んでみて。

（音読）無気味な沈黙が車内をおおった。だがそれは、ほんの数秒だった。「あっ、汽車が離れた！」　だれかが叫んだ。さっと車内を恐怖が走った。「たいへんだ！　転覆するぞ――！」　その声が、谷底へでも落ちていくような恐怖を誘った。だれもが総立ちになって椅子にしがみついた。声もなく恐怖にゆがんだ顔があるだけだった。「ナムマイダ、ナムマイダ……」　六さんが目をしっかりとつむって、念仏をとなえた。（三浦綾子『塩狩峠』418ページ2〜9行目）

佐藤　離れた客車はどんどん加速していって、最後はカーブを曲がり切れずに転覆してしまうことになる。はい、「ナンマイダ」って何？　何のことかな？

――南無阿弥陀仏ということだと思います。

佐藤　そうだね。南無というのは「信じます」というくらいの意味だと考えて。「阿弥陀仏を信じます」という意味。浄土宗や浄土真宗で唱えるのですが、「念仏」と言います。

本を読めない人は一生救われないのか？

佐藤　さて、ここでちょっと仏教について知っておきましょう。ちなみに皆さんが学んでいるキリスト教の聖典は、旧約聖書と新約聖書の二つがありますね。では、仏教の聖典って何冊くらいあると思う？

——たくさんありそうな……。

佐藤　ざっと2、3000冊はあると言われています。そんなたくさんの仏典を読める人ってどんな人かな？

——文字を読める人？

佐藤　そうだね。しかも自分は働かなくてもいいくらいの資産があるとか、援助してもらえるような特別な人じゃないと無理でしょう。あるいは、子どものとき

1日目終了後、講義内容に関する小テストを実施

から出家して修行三昧の人とか。だから貴族とか、お坊さんだよね。

一方で、農民など一般の人は本も読めないし余裕もないから、仏教を学ぶことができない。そういう人は救われないということになってしまう。

ところで、鎌倉時代になって飢饉や戦乱が続き、世のなかはとても暗くて大変な時代になった。救いを求める人たちで溢れていたんです。

そこに現れたのが、法然という人です。聞いたことあるでしょう？　法然はこの可哀そうな民衆たちをどうやって救えるかを考えた。そこで、そうだ、阿弥陀如来がいるじゃないかと気がついた。

仏教にはキリスト教のような神はいません。代わりに、煩悩のない涅槃《ねはん》という境地があり、そこに至るための普遍の真理がある。

その真理を体現した存在が仏というものです。仏の別の名前が如来。お釈迦様もその一人ですが、そのお釈迦様の前、ずっとはるか昔にさかのぼると、何体もの仏の存在がいました。その一つが阿弥陀如来という仏様で、一番位が高い究極の仏様といわれています。

このほかにお釈迦様である釈迦如来、大日如来や薬師如来といった存在がいます。ちなみに菩薩という言葉も聞いたことがあるでしょう？　菩薩ってどんな存在のこと？

――よくわかりません。

佐藤　少し難しかったですね。菩薩とは、仏を目指して頑張って修行している人のことを言います。菩薩にも位があって、悟りを開いているか、他の人を救済するためにあえてこの世界に留まっている菩薩もいます。観音菩薩や弥勒菩薩、普賢菩薩や文殊菩薩といった菩薩です。仏の道を目指すという意味で、お寺にいるお坊さんたちや一般信徒も菩薩と言えるわけです。

阿弥陀如来がまだ修行中だったころの呼び名が、法蔵菩薩。彼は周りの人びとが迷いと苦しみのなかで生きているのを見て、とても可哀そうだと思った。それで、当時の師匠にこの迷える人たちを救いたいと訴えた。

師が言うには、やめときなさいと。煩悩にまみれている衆生は、罪が重すぎてとても全員救うことなどできないと言うのです。これまでもたくさんの仏がその思いを持ったが、結局手に余って見捨ててきたんだと言うのですね。

でも法蔵菩薩は諦めません。「助けたい」「やめておけ」「助けたい」「やめておけ」

という問答を延々と繰り返して、ようやく許可されます。

そこで法蔵菩薩は気が遠くなるほど長い時間修行し、考え続け、衆生をすべて救うための四十八の願い、「本願」を立てます。それが「阿弥陀の四十八願」と呼ばれるものです。

そのうちの十八番目がすべての願いの中心で、「すべての人の苦しみを取り去り、幸福にしたい」というものなのです。

そのような高い志を立てて仏になった阿弥陀如来は、如来（仏）のなかでもとくに賞賛され、もっとも位の高い存在となりました。

誰でも救おうという阿弥陀如来の本願にすがれば、たとえ不勉強で物事の道理に明るくない人でも、必ず救ってくれるに違いない。それで法然は「南無阿弥陀仏」、つまり「阿弥陀様を信じます」と唱えれば、どんな人でも、それを聞き入れてくれて救われると考えたわけです。これが法然の唱えた浄土宗の教えです。

善人より悪人の方こそ往生できる

佐藤 他力本願という言葉を聞いたことがあると思います。どういう意味かわかるかな？

――自分以外の、他の力に頼ることでしょうか？

佐藤 一般的にはその意味で使われることが多いよね。あなたはいま何部なのかな？

――卓球部です。

佐藤 じゃあ、試合のときに先生や先輩が、「他力本願で戦おう」って言うかな？

――いいえ。言いません。

佐藤 これから試合に出るのに、人の力に頼っていたんじゃ勝てないよね。他力じゃなくて自力で、実力を発揮して勝たないと。このように、他力本願は他の力を当てにして、それを願うことだと、一般的には理解されて使われています。でも、じつはもともと法然が使った言葉で、本来の意味はちょっと違うんだ。わかる人いる？

――………。

佐藤 さすがに難しいね。他力というのはこの場合、阿弥陀様の力のこと。そして本願というのは阿弥陀様の「本願」、つまりさっき言った「すべての人の苦しみを取り去り、幸福にする」という願いのこと。

他力と本願は同じ意味で、その二つの言葉をつなげた。阿弥陀様の願い、阿弥陀様の力のことを「他力本願」という言葉で表したのです。「他の力を当てにする」という意味はそこにはありません。

ですから、法然は「南無阿弥陀仏」と一生懸命唱えなさいと。難しい仏教の教義を理解することも、厳しい修行も必要ない。そうやって阿弥陀如来に呼びかければ、阿弥陀如来はこちらを振り向いてくれる。そして、慈悲の心で必ず救ってくれると言ったのです。

これと似た言葉に、「絶対他力」という言葉があります。これは法然の弟子である親鸞という人が唱えた言葉です。

親鸞は法然の考え方をさらに推し進め、浄土真宗を創始しました。法然の他力本願は、「南無阿弥陀仏」と自分で唱えることが大事。そこには自力が入っているよね。親鸞はそのちょっとした自力も不要だと考えたんです。そして念仏を唱える行為も、背後に阿弥陀如来の力（他力）が働いていると考えた。

つまり、私たちには阿弥陀如来の力がつねに降り注いでいるわけです。そして苦しんでいる人や悲しんでいる人ほど、仏の慈悲が強く働くと考えた。すべては阿弥陀様の力、他力が働いているということで「絶対他力」。

ここから、「悪人正機説」も生まれてきます。「善人なおもて往生を遂ぐ、いわんや悪人をや」って有名な親鸞の言葉を知っているかな？　どういう意味？

——悪人だって往生できる……。

佐藤　「悪人だって」というよりも、ニュアンスとしては善人よりも「悪人の方こそ」往生できると言っているんだ。言葉を現代語に訳すと、「善人でさえ往生しているのだから、悪人はなおさら往生できる」っていう意味になります。

善人というのは、得てして自分のことを善人だと思って安心しているでしょう。そんな善人でさえも往生できるんだから、と言ってるわけ。

悪人というのは心のどこかで自分が悪い人間、ダメな人間だと責めていたり、悔やんでいたりするよね。自分のなかの悪を知り、その悪によって苦しんでいる。

仏様は苦しんでいる人、悲しんでいる人、つまり救いを求めている人にこそ、慈悲をかけると言ったでしょう。だから悪人ほど、仏さまは憐れみ、慈悲をかけてくれるわけです。これが親鸞の説いた「悪人正機説」です。

救われるのはエリート？　非エリート？

佐藤　この浄土宗の他力本願、そして浄土真宗の絶対他力って、君たちがよく知っている他の宗教に似ていませんか？

——キリスト教？

佐藤　そう。君たちがいま学校で勉強しているキリスト教と、とてもよく似ているよね。イエスもユダヤ教の教義を知らず、律法を守れない一般の人こそ先に救われると言っています。マタイによる福音書21章31節で、「はっきり言っておく。徴税人や娼婦たちの方が、あなたたちより先に神の国に入るだろう」と言っています。

徴税人も娼婦も、当時の社会では罪が重く、多くの人たちから蔑まれていました。ですが、だからこそ彼らは救いを求めている。素直に神を信じる。イエスが「あなたたち」というのは、当時社会でエリートとされていた司祭や律法学者などの宗教家たちのこと。そういう人たちは律法をよく知り、掟を厳しく守っている自分たちこそ救われると信じていた。

でもそれは傲慢なことで、神様が気にかけるのは、自分たちはダメだとか、神から見放されていると絶望している人たちの方なんだね。逆に傲慢なエリートを神様は好きじゃない。だから、イエスはよく徴税人や罪人たちと一緒に食事をした。なぜあんな社会の鼻つまみ者たちとつき合うのか聞かれたとき、「医者を必要とするのは健康な人ではなく、病人である。私が来たのは、正しい人を招くためではなく、罪人を招いて悔い改めさせるためである」とはっきり言っているね。

キリスト教では人間には原罪があるから、人間の力では救われることはできない。神の国に行くことはできません。そこで悔い改めて神を信じ、神の力に委ねることで救われると考えます。ですから、広い意味での他力本願でしょう。

とくにプロテスタントではその傾向が強い。カルヴァン派などは「予定説」と言って、救われる人とそうでない人は、最初から決まっていると考える。救われると決まっている人は、自然に神の意思に沿って生きるようになるし、そうでない人は自然に外れた生き方をするようになる。だから、ちょっと親鸞の絶対他力に似ていますね。

南無阿弥陀仏を唱えるのも、もともと仏の慈悲がそうさせている。結局、何をするにも人間の力じゃないということだから。

なぜ欧米人はチャリティ活動に熱心か

佐藤　なぜ、浄土宗や浄土真宗の話を長々としているかというと、とくに明治時代になってキリスト教が解禁されると、プロテスタントの教えも一気に入ってきました。そのときにすでに日本に広まっていた浄土宗や浄土真宗の他力本願や絶対他力という考え方が、キリスト教の原罪思想や予定説などととても似ていたので、受け入れやすかったことを理解してほしいと思ったからです。

先ほどアナロジーのお話をしたでしょう。キリスト教ってよくわからない宗教が入ってきたとき、すでに日本人の多くが他力本願や絶対他力の考え方を知っていました。イエスの神の愛は阿弥陀如来の慈悲に似ているとか、どんな人も悔い改め神を信じることで救われるというのは、念仏を唱えるだけで救われるというのに似ているなぁとか、類比として理解することができたんですね。

ただし、ちょっと違うところもある。私たちは何かものを対比させるとき、似ているところを見ると同時に、違うところ、差異もしっかりと認識しなきゃいけません。キリスト教と浄土宗や浄土真宗との大きな違いがわかる人は？

――神様がいるかいないか。

佐藤 とてもいいところに気がつきましたね。たしかにキリスト教は一神教と呼ばれるように、すべてを生み出す神の存在が不可欠です。一方で仏教にはそのような神は存在しません。あるのは煩悩のない涅槃の世界であり、それを体現した仏たちが究極の存在とされています。

弁天様とか帝釈天という神様も一応いるのですが、じつは菩薩よりも下の位とされていて、決して世界の究極の存在とはされていません。

ただし、ここで言いたい違いはちょっと別のことです。他力本願、絶対他力という考え方が共通にあると同時に、キリスト教のプロテスタントでは「信仰即行動」という考え方があります。

じつはカトリックでは、信仰と行為というのを切り離して考えます。そして信仰だけでなく行為、実践が大事だと説く。でも、これって信仰と行為を対比させているでしょう？すると、信仰と行為が別物だという前提がある。

プロテスタントはそうは考えない。神を信仰するということは、日常の行動に即座に反映されるということ。逆に言うと、日常の行動そのものが、信仰を表しているということ。信仰と行為は切り離して考えることができないもの、一体のものだと考えるのです。

いずれにしても、「南無阿弥陀仏」というのは言葉だよね。言葉を唱えることが阿弥陀仏を信仰していることであり、それによって救われると考える。それに対してキリスト教は言葉を唱えるだけじゃダメだ。

だから、欧米ではよく寄付とかチャリティということがあるよね。お金持ちの人が多額のお金を寄付したり、チャリティ活動でいろんな援助をしたりします。具体的にそうやって社会に働きかけたり、人に対して何かをしてあげる。そういう日頃の行為こそが信仰なのです。

それは、自力とはまたちょっと違う。自力とはそこに自意識があるのだけど、この即行動には自意識はない。反射的に体が動くのが、「即行動」なんです。

この考え方は、浄土宗や浄土真宗にはありません。日本の宗教で、この「信仰即行動」に似ているのは日蓮宗です。日蓮は当時の天台仏教が思弁性に偏り、本来の仏法の力を失っていると批判します。そして行動をとても重んじます。

だから、鎌倉仏教というのは、全体として考えると、宗教としてある意味かなり成熟した体系だと言えると思います。キリスト教的、宗教的な深まりと、神学的な知的葛藤を仏教において形を変えて実現しているとも言えるのです。

人を助けるためとっさに体が動くことがある

ここでようやくだけど、『塩狩峠』に戻りましょう。客車が外れて坂道を逆走し始めたとき、六さんはどうした？ 信夫は？ 418ページの8行目から読んでみて。

（音読）**「ナムマイダ、ナムマイダ……」 六さんが目をしっかりとつむって、念仏をとなえた。信夫は事態の重大さを知って、ただちに祈った。どんなことがあっても乗客を救**

い出さなければならない。いかにすべきか。信夫は息づまる思いで祈った。その時、デッキにハンドブレーキのあることがひらめいた。信夫はさっと立ち上がった。「皆さん、落ちついてください。汽車はすぐに止まります」壇上で鍛えた声が、車内に凛とひびいた。（三浦綾子『塩狩峠』418ページ8〜14行目）

佐藤　はい、ありがとう。六さんは浄土宗か浄土真宗なんですね。南無阿弥陀仏を一心に唱えている。信夫もキリスト教徒だから同じように祈ります。でもそれだけじゃないよね。祈りながらどこか冷静に状況を判断し、ハンドブレーキの存在を思い出す。そこで立ち上がって、皆を落ち着かせようと行動します。

ここで書かれているのは、キリスト教と仏教の信仰に対する姿勢の対比です。六さんは神頼みだけど、信夫は行動します。それは信仰即行動のプロテスタントの考え方と行動原理を表している。著者の三浦さんは、多分に仏教の他力本願に対して批判的な目で見ていることが読み取れます。

信夫はデッキに出て、ハンドブレーキを回します。ずいぶんとスピードが緩んだのですが、それ以上効かない。完全に停止させないと、また速度が上がって同じことになります。

信夫はこの速度なら、自分の体で止めることができると判断し、線路を目がけて飛び降ります。一瞬、ふじ子、菊、待子の顔が大きく目に浮かびました。そして客車は信夫の体の上に乗り上げ、完全に停止したのです。

おそらく、ほとんど信夫は頭で考えてはいない。瞬時に体が動いたのです。まさにこれが信仰即行動ですが、信仰がなくても人間にはとっさに体が動く場合があります。よく、駅のホームから転落した人をとっさに救おうと、電車が迫っているのに飛び降りて助けようとする人の話がでてきますね。

実際、いまから20年前に東京の新大久保駅のプラットホームから転落した男性を救助しようと、日本人のカメラマンと韓国人の留学生が飛び降りた。しかし、折からきた電車にひかれ、3人とも命を落としたという痛ましい事故がありました。

いざというときに、人は普段考えられないような行動をすることがあるのです。信夫の場合はふだんからの信仰が、それにさらに力を与えたのでしょう。

心の奥底が揺さぶられる「感化」

佐藤　信仰即行動というキリスト教徒の姿を、三堀は直接その目で見ることになるわけですね。三堀は暴走する列車の中で、静かに祈る信夫を見ています。そして、信夫は振り返って、三堀にうなずいたかと思うと、線路を目がけて飛び降りたのです。

作者の三浦さんは三堀の目線で信夫の姿と行動を描くことで、とてもリアルに信夫のキリスト教徒としての「信仰即行動」を描いていると思います。

信夫の死は一般の人たちにも衝撃を与えました。キリスト教を邪教だと思っていた人たちが、その認識を改めた。信夫の行為によって多くの人の目が開いたんだね。それればかりか何十人もの鉄道職員がキリスト教に入信しました。あの三堀もその一人でした。

三堀は信夫が自らの命を捨てるときに目が合っていますね。最後の挨拶を交わし、飛び込んだ。それは強烈な体験だったでしょう。その後の三堀は、まるで人格が変わってしまったと書いてあります。ある人の自己犠牲的な行為を目の当たりにしたとき、私たちの心の奥底が揺さぶられる。これを「感化」と言います。

最後は「善なるもの」が勝つ

佐藤　聖書で、このことが一番よく現れているのはどんな話かな？

――イエスがゴルゴダの丘で磔に遭う受難の場面……。

佐藤　そうだね。３日後にイエスが復活する。そして弟子たちの前に現れます。そこで弟子たちは根本から変わっていくんだ。それまでは結構情けない弟子たちだったのが、皆覚悟して、イエスの代わりに諸国に伝道に出る。そしてなかには殺されたり迫害されたりするけれど、それによってキリスト教が世界宗教になった。イエスの受難と復活を目の当たりにして、弟子たち誰もが感化されたんだね。

よく、自分は誰々に感化されたと言うでしょう。私も若いころ勉強を習った塾の先生とか、大学の教授とか、たくさんの人に感化されていまに至っています。

一人で本を読むよりも、その本に影響された人とか、その本に感動した人と読むと理解度が全く違います。それはその人の感動とか体験が、こちらに伝わるからでしょう。つまり一種の感化を受けるからだと思います。

とくにそれが自己犠牲的なものだと、大変影響は大きい。実際、この小説は実在のモデルの長野政夫さんがいるわけですが、彼の犠牲はいまでも記念館が建てられて語り継がれているし、三浦さんによって小説が書かれることで、より多くの人に、長い時間を経たいまでも知られることになったでしょう。

波紋が広がるように、最初は小さな紋がどんどん大きくなって広がっていくわけです。この世には善なるものと悪なるものがあるとして、どちらが強いか？ 短期的には悪が勝つことが多いかもしれない。

でも、長期的に見ると、はるかに善なるものが強いと思う。だって、考えてみると、悪人って後の世まで語り継がれないでしょう。はるかに自己犠牲的な人、正しい生き方をしたと言われる人の方が語り継がれ、残っているよね。

皆さんには、この後感想文をそれぞれ書いてもらいたいと思います。あまり、これ以上私が話しすぎると、変に誘導してしまうので、これ以上は話しません。次回は皆さんの感想文をもとに、読解力を強化する上で必要な話をしていきたいと思います。

第4章

違和感を大事にする

どんな受け止め方をしても自由

佐藤　それではいよいよ、『塩狩峠』を読んで皆さんがどう感じたか、読書感想文を書いてもらおうと思います。ちなみに、優れた小説の特徴ってなんだと思いますか？

――人々を考えさせることだと思います。

佐藤　その通りです。すぐれた作品ほど、人をいろいろ考えさせる。で、ここにいる皆、通っている学校は同じだけど、性格も違うし、考え方も違うところがあると思う。小説も読み方は人それぞれで、受け取り方も違って当然だね。

優れた小説ほど、著者の思想や思いが深くて広いから、それだけ人によって感じる部分、受け止め方が変わってくる。どれが正解なんて基本的にない。

もちろん、自分がどう感じたか？　その理由をしっかりと説明できないとダメだよ。なんとなくこう思った、感じた、では説得力がない。理由が説明できて、それが納得できるものであれば、どんな受け止め方をしても自由というのが、小説の正しい読み方です。

これが、国語のテストとは違うところかもしれない。記述式のテストだと模範解答があって、そこからあまりにも外れちゃうと点数が低くなってしまう。テストは客観的に点数を出さなきゃいけないから、致し方ない点があります。

批判的な意見があってもいい

佐藤　今回の講義でも、皆さんに私が解説したのは、あくまで私の『塩狩峠』の読み方です。私なりに誠実に読んでいるという自負があるし、間違っていないという自信もあります。

たとえば、客車が離れて坂を下り始めたときに、六さんが「ナンマイダ」と唱えるシーンがあったでしょう。ほんの1行に満たない記述で、スッと読み飛ばしてしまうかもしれません。でも、それがキリスト教のプロテスタントである作者の、仏教批判でもあることに気づくことが大事です。

もちろん、作者に直接意図を聞いたわけじゃないけど、直後の信夫のとっさの行動と対比させている点からも、ほぼ、私の見方で間違いないと確信しています。

だからといって、皆さんが同じように読まなければいけないということはありません。たとえばこの本自体は信夫の自己犠牲的な生き方が脚光を浴びているけれど、自己犠牲自体が美談にされることはどうなのか？　そんな批判的な意見があってもいい。

というのも、この作品はプロテスタントのキリスト教徒である三浦綾子さんが、まさに同じキリスト教徒の話を書いていることで、ある種のバイアスがかかっていることもあるからです。

それから、いまから100年以上前の話を描いている。いまの私たちからすると、いろいろ違和感を覚える部分があるはずです。

今回の読書感想文は、『塩狩峠を読んで共感したこと、違和感を覚えたこと』というテーマで書いてみてほしい。両方書いてもいいし、どちらかでもいいです。

共感ばかりだと、やっぱり一面的になりがちです。皆さんが感じた違和感や、理解できないところ、否定的に感じたところなども書いてみて。それがより作品を深く理解することにつながるから。

それでは皆、自分の感じたことを素直に、自由に書いてみて下さい。

「共感」と「違和感」を発表

佐藤　それでは、代表して何人かに読書感想文を読んでもらいましょう。読むペースは大体300字で1分ちょっとくらい。タイトルから読んでください。そして、聞いている人たちはポイントをメモするようにしましょう。

それで、気になったところ、疑問に思ったところを後で質問してください。そして質問が終わってから、意見を言いましょう。その考えに賛成だとか、反対だとか。自分はこう思うとか。

質問と意見は別ですから、まずそれをしっかり意識して分けることが大事です。質問して、それに答える。その後に意見を言い、その意見についてみん

生徒の理解度を確認しながら、講義を進める

なで議論をするという順番で進めていこう。ではよろしくお願いします。

発表者　タイトルは「事故を減らしたい」です。私がもっとも共感したのは、信夫が必死に鉄道事故を阻止しようとしているシーンです。塩狩峠を上っている途中、機関車から切り離され、客車が暴走してしまいました。そのとき信夫は客車を止めようと、体が勝手に動き、手段はともあれ事故を小さくすることができました。そして、信夫以外の乗客は全員助かったのです。

　私は鉄道が好きです。だからこそ、極力事故をなくしたいと思っています。今回の原因は、ミスというより偶然だと思います。もし、私がその鉄道に乗っていたら、何かしらの方法で鉄道を止めようとすると思います。

　身近なことだと、線路に人が転落してしまっていたら、非常停止ボタンを押す。これはいまの私でもすることができます。だから、信夫の鉄道事故を少しでも小さくしたいという思いが、私にはとてもわかります。以上です。

佐藤　はい、ありがとう。では、皆さん質問をしてください。どんな質問でもいい。

――……。

佐藤　全くないことはないでしょう。どんな質問であれ、言葉にするという行為が大事だよ。さぁ、がんばって。

——今回の原因がミスというより偶然だと思うのは、どんな理由からですか？

佐藤　とてもいい質問です。偶然だと思う根拠を聞いている。まさにこれが質問です。答えは？

発表者　これは鉄道員が悪いから起きた事故ではないと、本を読んで思って……。

佐藤　その思った根拠を聞いているんだね。

発表者　乗客が少ないせいで、機関車を2台載せていなかったのは悪いと思うんですけれど。でも、乗客が少ない場合は、機関車1台でも上れるから、普通なら事故が起きなかったと思うんです。だけど、たまたまこのときはだめだったということ。

佐藤　経験則に従って、その通りにならなかったということ。つまり、予測不可能な事故だったということだね。質問した人はそれで大丈夫かな？

——はい、わかりました。

佐藤　では、他に質問は？　はい、どうぞ。

―― 非常停止ボタンを押すことは、いざとなるとなかなか実行できないんじゃないかと思います。

下手に押したら後で面倒なことになるとか、自分だけが騒いでいて、他の人から見たらそんな事態じゃないとか。いろいろ考えてしまいます。どんな場合でも、いざというときに押せると思う根拠が知りたいです。

佐藤　前半は質問というよりも意見に近いですね。でも、まぁいいでしょう。このまま意見の方に移ろう。では、この意見に対して答えてみて下さい。

発表者　私は電車が好きで、将来その方面の仕事に就きたいと考えています。それほど電車が好きなので、いざとなったら鉄道や乗客の人たちを守りたい。だからできるだけ行動しようと考えています。

佐藤　自分はそういうふうに考えるということですね。では、押せない人はどうしたらいいか？　なんで、いざというときに押せない人がいると思いますか？

発表者　いくつか理由があると思いますが、一つは他の人がやるだろうというのと、それから、その後のことが面倒くさいというのがあると思います。もしも停止ボタンを押して電車が止まったのに、それが大したことではなかったら賠償金を払わなくてはいけない可能性もあるので、そういうことかなと思います。

危険なのに避難しないのはなぜ？

佐藤　ちょっと話を広げてみよう。最近、台風や集中豪雨など自然災害が多いよね？　そのとき避難命令が出ているのに従わない人がいるでしょう。どうしてだと思う？

発表者　やっぱり面倒だと思うからでしょうか？

佐藤　面倒だと思うってことは、背後に「それほど危険な状況じゃない」「まだ大丈夫」という判断があるからじゃない？　もし本当に命の危険を感じたら、誰でもそこから離れるでしょう？

発表者　そう思います。

佐藤　「正常性バイアス」って専門用語があります。これまでも大丈夫だったから、今回もきっと大丈夫だろう。人間にはどうやら何か事が起きたときには、楽観的に考えようとする癖があるらしい。

さらに言えば、そこには「現実と向き合いたくない」という逃避的な心理がある。そういう意味では、「面倒くさい」というのとちょっと似ているかもしれないね。

今回の新型コロナでも、対応が後手に回っているのは、そんな正常値バイアスがかかっている可能性があります。緊急事態が起きたとき、きっと大丈夫、何とかなるだろうという正常値バイアスが、即座の行動を遅らせてしまうことがあるんだ。

さて、では次の発表をしてください。発表の前に共感したところを書いたのか、違和感を覚えたところを書いたかを言うようにしましょう。

信夫の自己犠牲は正しかったか？

発表者　私は違和感を覚えることについて書きました。信夫が旭川に行くために乗っていた電車が、塩狩峠にさしかかったとき、汽車が離れ暴走し始めます。乗客を助けるためにハンドブレーキを回しますが、汽車は止まりません。

しかし、その速度では、転覆することは間違いないので、信夫は線路に飛び降り、自分の体で汽車を止めた、というところに違和感を覚えます。

なぜなら、私は他人のために命を捨てて乗客の命を救ったとしても、そのことによりふじ子さんなどの大切な人を悲しませてしまっては、その行動には意味がないと思ったからです。

乗客を助けることも重要ですが、大切な人のことを一番に考えるべきだと思いました。私がふじ子さんの立場なら、自分のことを大切にしてほしいと思い、悲しくなると思うので、健康で命あることも大事だと考えたからです。

佐藤 はい、質問のある人は？ とくにない？ じゃあ、意見の方に移ろう。おそらく皆さん意見があると思うよ。積極的に発言する癖をつけておこう。

入試の話になっちゃうけど、これからの入試や就職試験は、こうやって討論をさせるという形も増えてきます。

自分の意見を言うのは恥ずかしいとか、カッコ悪いと思うかもしれないけど、時代が変わってくるんだ。いまのうちから手を挙げて、自分の意見を言うことに慣れておきましょう。はい、どうぞ。

――信夫さんは自分の使命として、人のために何かをやるという信念を持っている人だと思います。もし、客車があのような状態になったとき、自分が何もできずに助けることができなかったとなると、その後の人生にとってマイナスな出来事になってしまうと思います。

一生、そのことで悩んで自分らしい人生を生きることができなくなるとしたら、飛び込む行動も理解できると思います。

佐藤　このときのことを見過ごして、もし信夫が生き残ってしまったら、という前提だよね。生きていたら、ずっと後悔するだろうということだね。これについてどう答えますか？

発表者　そういう意見もあると思います。

佐藤　あると思うけれど、同意できる？　できない？

発表者　やはり同意はできません。

佐藤　それでいいと思うよ。すぐに同意したら、撤回したということで、あなたは間違っていましたということになるからね。そもそも答えは一つではありません。ところで、同意できない理由は何かな？

発表者　たとえそのように悔んだとしても、私は命があることが一番大切なことだと思うので、その意見にはあまり同意できないです。

一般の乗客と愛する女性のどちらが大切か？

佐藤　はい、これは根源的なテーマになってきました。私たちキリスト教徒にとって、自分の命は自分のものじゃないよね？　神から預かっているものでしょう。その預かっている命を、そもそも投げ出していいのかという根源的な問題がある。

その意味で、キリスト教は自殺を厳しく禁じているよね。今回の場合は自殺ではない。他の人を助けるための自己犠牲だよね。

一粒の麦の話が書かれているように、自分の命に固執せず、他者を助ける者こそ永遠の命を得るのです。

でも、信夫のように、客車に乗っていた見ず知らずの人を救うことを考えるか、それとも婚約者のふじ子や信夫の親しい人たちの幸せのために、自分だけでも何とか助かろうと考えるのか？

どちらに愛を向けるべきか？　どちらを悲しませず、救うべきかというのはとても難しい問題です。これこそ究極の選択だね。こうなると、もはや一般的な正解はなくて、人それぞれの価値観に委ねられた問題だと思います。

——私は、信夫さんがキリスト教徒で、自己犠牲の精神がもともと強かったというのもあると思いますが、鉄道職員としての誇りとか使命のようなものもあったと思います。それでとっさにあのような行動に出たのではないでしょうか？

佐藤　なるほど、良い視点を投げかけてくれたと思います。あなたの言っていることをちょっと難しい言葉で言うと、「職業的良心」と言います。自分の仕事、職務に誠実に向き合おうとする態度のことです。

皆さんも将来就職して、自分の職業に就くと思います。そのとき、この職業的良心というのがとても大きいことに気づくと思います。人は自分の仕事に対しては大変献身的に、ときに自己犠牲的になるものなんだ。これは理屈ではなくて、使命感とか心情に近いものだと思う。

小説のなかで、作者の三浦さんは信夫の自己犠牲をキリスト教的な視点から描いているけれど、それだけでなく職業的な良心から捉えることもできるのではないか、という感想でした。発表してくれた人は、この意見に対してどう感じるかな?

発表者 それはそれでよいと思います。

佐藤 それでいいよね。あなたの論旨といまの意見はぶつかるわけじゃない。職業的良心ということは、これからの時代とても大事なポイントになってくると思う。たとえば東日本大震災のとき、あなたたちはいくつだった?

——5歳かな?

佐藤 そうか。じゃああまり覚えていないかもしれないけれど、あのときメルトダウンした原発のすぐ近くで、必死に止めようと働いていた人たちがたくさんいた。1時間も浴びたら死んでしまうような、高線量の放射線が降り注いでいたんだ。

でも、原発の職員の人たちや、火を消そうと放水していた消防署の職員、自衛隊の人たちは、危険を知っていながら現場から逃げ出さなかったよね。おかげでもっとひどい事態になるのは避けられた。

いまも似たような状況があるよね。どこだと思う?

——新型コロナの医療現場の人たち?

佐藤 そうだね。医療に従事している人たちは、コロナ患者と毎日向き合っているでしょう。とても怖いと思うけど、逃げないで仕事をしている人たちがいる。だから医療の現場が何とか持っているんだね。

そう考えると、職業意識ってすごいと思わない? この人たちのほとんどは宗教家ではないと思うよ。普通の人たちだけど、職業ということで立ち向かう覚悟や勇気が出る。それはそこに自分がやらなきゃ誰がやる、自分にしかできないという使命感や責任感があるから。それが職業的良心です。

これからの世のなかは、自然災害も増えるだろうし、今回のようなコロナのような感染症もまた出てくる。予期しない厄災が襲いかかるなかで、一人ひとりの職業意識がとても大事になってくると思います。

同情は相手を傷つけることもある

さて、話が発表者の視点からちょっとズレちゃったけど、あなたは信夫のふじ子に対する愛が欠けているのではないかというのが、そもそもの違和感であり、問題意識だと思うけれど、それでいいかな？

——はい、そういうことだと思います。

佐藤 それに関しては、私も違和感を抱いています。どうも彼女が障害を持っていて、大変不遇な人生を送っていることに対する同情があるように思うんだ。本人は愛情だと思っているかもしれないけれど、どこか純粋じゃない気がする。

同情って、基本的に自分より不幸で恵まれていない人に対して向けるものでしょう。だからもし、信夫に同情する気持ちがあるならば、どこかでふじ子に対して「助けてやろう」「手を差し伸べよう」とする上から目線があるかもしれない。

それが明らかな場合は、むしろ人を傷つけることにもなるよね。そういう意味で、次の二人に感想を読んでもらいましょう。

発表者　タイトルは「可哀想」です。私が違和感を覚えたのは、信夫の家を訪れた吉川と信夫が「ふじ子の足が不自由で可哀想だ」と話しているところです。

というのも、ニュースや記事で、「障害者を可哀想だと思わないでほしい」と言っているのを見たことがあるからです。障害を持つのは不幸ではない、可哀想だと思うのは差別的だと。

会話のなかで、吉川はふじ子の体が不自由だから優先していると話しています。しかし、人間はまったく優劣がないとも言っていて、矛盾していると思いました。ふじ子は足が不自由であるが、いつも楽しそうに過ごしています。決して不幸ではありません。

ふじ子に対する信夫の気持ちのなかには、もちろんたくさんの愛情もありましたが、同情もあったと思います。障害ではなく、ふじ子の小さな幸せに気づける奇麗な心に、もっと目を向けてほしいと思いました。

佐藤　ありがとう。まさにいま私が言ったことと同じ視点で書いていますね。じつは信夫の他人に対する献身のなかには、同情という心理がある。

それは三堀との関係からも言えそうだね。それに関して書いてくれた人がいます。読んでみて。

発表者　タイトルは「違和感を覚えたこと」です。私は、小説内での三堀の扱いに違和感を抱きました。三堀は意地っ張りで疑り深い人のように描かれています。

たしかに、三堀は同僚の給料袋を盗む悪い人です。また、そんな三堀をかばって遠く旭川までついてきた信夫を、邪険に扱う嫌な人かもしれません。

しかし、三堀は信夫と特別親しくないのにかかわらず、急に信夫に親身にされ、転勤先にまでついてこられたら、自分のやってしまった悪事を暴露されないかと、三堀が不安になってもおかしくありません。

また、信夫の信仰告白文を三堀が読んだ際に、信夫は心のなかで三堀を見下していたことを伝え、罪を自覚しキリストを信じるようになりました。

けれどもこれでは、三堀は信夫の成長の足がかり、いわば当て馬にされている気がして、少し違和感がありました。

世のなかに正しい人は一人もいない

佐藤　ありがとう。信夫のふじ子に対する態度、三堀に対する態度は、一見美談に見える。でも、そこに欺瞞があるのではないか？　美談のなかに悪が潜んでいるんじゃないか、という見方はとても大切です。

でもこれは、なんでも他人を疑えばいい、ということじゃないよ。疑ってかからないと騙されると思って、人の裏ばかりかく人がいるけれど、そういう人は絶対に信用もされないし、好かれない。

それよりも、こういう考え方をすることで、つねに自分自身を顧みるという癖をつけることが大事だと思います。その意味で、もう一つ別の感想文を読んでもらいましょう。

発表者　タイトルは「偉いの定義」です。信夫は、小説で牧師が妻を裏切ってしまう場面を読んで、母の菊に、この世に正しい人は一人もいないのかと尋ねました。菊にいないと言われ、不満に思いましたが、自分を偉いと思う人間に、偉い人はいないという言葉が信夫の心に刺さりました。

私も自分は勉強も部活もそこそこまじめにこなし、ルールやマナーもきちんと守っている正しい方の人間だと思っていたので、菊の考えに不満に感じました。しかし、自分を偉いと思う人に、偉い人はいないと信夫が菊に言われたときに、まるで私に言われたようで思い上がっていた自分が恥ずかしくなりました。

思えば、私はお年寄りに席を譲るなど人に親切にするとき、情けないことに自分は偉いなあと思ってしまいます。そもそも親切とは意識して行うことではなく、自覚をせずに自然に相手を思いやれることであることを忘れないようにしたいです。

佐藤　はい、ありがとう。自分が正しいことをしているとか、偉いと思うのがなぜいけないのだろう?

発表者　思い上がって傲慢になるから……?

佐藤　そうだね。その前にまず、ここでキリスト教の原罪の考え方がポイントになってきます。前に発表してくれた人の感想文のなかに「義人なし、一人だになし」という言葉が出てきていましたね。義人って?

発表者　正しい人のこと。

佐藤　そう。「一人だに」というのは文語表現で、「一人も」「一人たりとも」という意味です。世のなかに、正しい人は誰一人としていないというんですね。誰と比べて？

発表者　神様？

佐藤　そう。どんなに正しく立派で偉い人でも、神の前ではとても正しいなんて言えない。そういうことです。「ローマの信徒への手紙」でパウロが書いている言葉です。3章の10節から読んでみよう。

（**音読**）次のように書いてあるとおりです。「正しいものはいない。一人もいない。悟る者もなく、神を探し求める者もいない。皆迷い、だれもかれも役に立たない者となった。善を行うものはいない。ただの一人もいない」

自分を棚に上げて他人を責める人たち

佐藤　はい、そこまででいいよ。パウロがここまで厳しく言っているのは、どんな人たちを想定していると思う？

――……？

佐藤　前にも少し話したと思うけど、当時宗教的なエリートとされていたファリサイ派の人たちや祭司たちを念頭に置いています。

彼らは律法をよく知り、それに忠実に生きていました。だから彼らは自分たちこそが正しい人間で、救われる人間と考えていたのです。

でも、自分が正しいと思う人ほど、他人に対して厳しかったり、傲慢だったりするよね。イエス・キリストはそんな彼らがもっとも神の意思から遠い存在だと、厳しく指摘した。それで彼らの憎しみを買い、結局捕らえられて磔にされてしまうわけだけどね。

人間には誰もが原罪があります。この話は前に詳しくしたから、ここではしません。いずれにしてもそんな不完全な人間が、完全な神を前にしたとき、口が腐っても「自分は正しい人間です」なんて言えないはずです。

発表者は、自分が正しいことをしている人間、立派な人間だと思っていた傲慢さに気がついたわけだね。そうやって自分をつねにまな板の上に乗せることが大事です。ところが得てして私たちは、自分の罪を棚に上げて、他人の罪を責めることで自分を正当化しようとするんだ。

最近ＳＮＳが炎上して、追いつめられた人が自殺したりしているでしょう。それには、このような自分の罪を顧みない人たちの傲慢と暴力があるということ。そういうことに気づくことができたというのは、とても大きいと思います。

自分の体験と結び付けて書くことが大事

では、次の人に発表してもらいましょう。

発表者　タイトルは「死と向き合って生きる」です。私がもっとも共感したのは、信夫が死という大問題について、考え悩む部分です。信夫は自身の祖母と、父の急死という出来事から死を問題視するようになります。人間はいつか必ず死ぬものであるということを知り、父の遺言や死に対する母の考えを通して死について考え、やがて自分も死ぬものとして、どう生きるかについて考えます。

私自身、死について深く考えたことがあったので、信夫が死について考えることにとても共感しました。また、私も信夫同様、最終的には自分はどう生きるべきか、悔いのない生き方とはどのようなものかという考えに至りました。

人間は誰しもいずれは死んでゆく。そのことを受け入れ、いつか自分が死に瀕するとき、過去について後悔しない生き方をしようと改めて思いました。

佐藤　ありがとう。なぜこの感想文を私が選んだかというと、信夫の死生観について考えているからです。『塩狩峠』という作品は、信夫の死生観がわからないと理解できません。だから、とてもいいテーマを選んだと思います。

発表者の人は「私自身、死について深く考えたことがあった」と書いていますね。自分の体験と結びつけて書くことがとても大事です。それがうまくできると、説得力のある文章になる。

というのも、死をキリスト教的な解釈だけで、自己犠牲が大切だと言われても、ピンとこない人がたくさんいるでしょう。とくにキリスト教を知らない人はそうだよね。ここで、自分の体験から身近に考察していく態度が大事になります。

たとえば、これから皆の人生を考えたとき、すべて順調に行くと思う？　残念ながらそんなラッキーは続かないよね。どこかで落ち込んだりすることもあるし、嫌になってしまうこと、とても悲しいことが起きたりする。

そんなとき、死生観が明確になっている人とそうでない人は、受け止め方が全然違ってきます。発表してくれた人は、信夫が死について考え悩むシーンに自分自身をだぶらせて、死について考えたんだね。そして悔いのない生き方をするために、どうしたらいいかを考えた。

自分の人生の生き方として「悔いのない生き方」を定めて、それに向けてどう生きたらいいかを考えるというのは、とても実践的で説得力があります。

死生観が明確になると、悲観的になって世をはかなんで自殺するということも少なくなると思います。

どんなに辛いことがあっても、そこで生を投げ出したら後悔することになると思えば、早まった選択をしなくなるのです。

ごまかすときに使われるトートロジー

ここでちょっとトートロジーについて説明したいと思います。

なぜ自殺してはいけないか？　それは自殺はいけないことだから、というのは同意反復、トートロジーと言います。本当に大切なこと、本質的なことは理屈で説明できないものがあるのです。

たとえば殺人もそうだよね。なぜ殺人はいけないか？　人を殺したらいけないから。なぜイジメがいけないか？　イジメてはいけないからというように。

なぜ？　と問い詰めていくと、最後の最後に説明できないことが残る。それを説明しようとすると、トートロジーにしかならないということがあることを覚えておきましょう。

ただし、このトートロジーは悪用することもできます。相手を煙に巻いたり、ごまかすときによく使われる。

たとえば、100％当たる天気予報があります。どんな予報かというと、「明日の天気は晴れか、あるいは晴れ以外の天気かどちらかだ」というもの。

これもトートロジーの一種です。晴れであっても雨であっても、曇りであってもはずれていないでしょ。でもこんな予報役に立つ？

――立ちません。

佐藤 そうだよね。何も説明していないのと一緒だよね。でも、このトートロジーを悪用しているのが、実際に社会のなかで存在するんだ。どこだと思う？

――……？

佐藤 じつはね、国会なんだよ。政治家ってよく「あのときこう言ったじゃないか」って、国会での発言の責任を取らされたりするでしょう。だから、いかに責任を取らなくて済むかを追求したら、トートロジー的な説明に行き着くわけです。聞いていると、そんな答弁が多いんです。

もう結構前になるけど、小泉純一郎さんが首相だったとき、自衛隊の海外派遣が問題になりました。

そこで自衛隊が派遣されるのは非戦闘地域にするとしたんだけど、その定義がよくわからない。だって、どこから砲弾やミサイルが飛んでくるかわからないでしょう。

野党が小泉首相に非戦闘地域の定義を確認した。すると小泉さんは、「自衛隊が行かない場所が非戦闘地域だ」と答えました。これって皆さん理解できる？

―― わかりません。

佐藤 だよね。「自衛隊は非戦闘地域には行かない。その非戦闘地域の定義は、自衛隊が行かない場所だ」って、見事なトートロジーになっているでしょう。

トートロジーはこのように、相手の追及をはぐらかしたり、ごまかしたりするのにも使われるから気をつけないといけません。

信夫は三堀のために飛び込んだ？

さて、質問でも意見でも何でもいい。これまでの発表に対して、何か話しておきたいことがある人は？

―― 信夫さんは、乗客を救うために飛び込んだというのですが、僕は一緒にいた三堀のために飛び込んだ、という考えもあるんじゃないかと思いました。

佐藤　三堀はなにかと信夫に噛みついて、世のなかに対して斜に構えてひねくれているよね。そんな三堀の改心を促すために、あえて三堀の前で飛び込んだと。いまの意見について皆さんはどう思いますか？　思うことをみんなで話し合ってみよう。

――私は三堀のために飛び込んだというのは、ちょっと唐突すぎる気もします。なぜかというと、小説のなかでは客車を止めることで必死だった気が……。

――僕も、結果として三堀は、信夫の犠牲によって改心したけれど、あくまで結果論だったのではないかと思います。

発表者　ただ、僕がそう思ったのは、432ページの最後の行で「つとふり返って、三堀にうなずいたかと思うと、アッという間もなく線路めがけて飛びおりて行った」という記述があることとです。うなずいたということは、何かメッセージを送ったわけだと。

――信夫は三堀の再生をずっと願っていましたから、三堀に対して自分の信仰の本気さを知ってほしかったかもしれない。だから、そういう解釈も十分成り立つと思います。

佐藤　たとえば、あの列車に愛するふじ子が乗っていたら、愛する彼女を救いたいと飛び込むことはわかると思います。でも、三堀はずっと信夫に対して反発し、嫌みを言ったりする人間でしたね。自分に対して攻撃的な人間に対して、皆さんは信夫みたいに優しくなれる？

――難しいと思います。

佐藤　そうだよね。でも、信夫という人は違うよね。三堀には、まっとうに生きて欲しいと願っている。三堀に対する傲慢さを認識し、自分を責めたりもしている。

だからこそ三堀の改心と再生を願って、自ら三堀の見ている前で半ば意図的に命を捨てて犠牲になったということも、たしかに十分考えられます。作者の三浦さんがキリスト教徒だけに、その可能性はあり得ると思います。

イエスが洗礼を受け、初めて民衆に教えを説いた有名な「山上の説教」がありますね。マタイによる福音書5章の43節を読んでみましょう。

あなたは〝敵〟を愛することができるか？

（音読）あなたがたも聞いているとおり、「隣人を愛し、敵を憎め」と命じられている。しかし、わたしは言っておく。敵を愛し、自分を迫害する者のために祈りなさい。あなたがたの天の父の子となるためである。父は悪人にも善人にも太陽を昇らせ、正しい者にも正しくない者にも雨を降らせてくださるからである。自分を愛してくれる人を愛したところで、あなたがたにどんな報いがあるだろうか。徴税人でも、同じことをしているではないか。自分の兄弟にだけ挨拶したところで、どんな優れたことをしたことになろうか。異邦人でさえ、同じことをしているではないか。だから、あなたがたの天の父が完全であられるように、あなたがたも完全な者となりなさい。

佐藤　いまさら説明するまでもない、「敵を愛しなさい」という有名な文章です。おそらく信夫はこの部分を強く意識していたはずです。

「隣人を愛し、敵を憎め」というのは、それまで教えられていた律法の教えです。ですが、イエスはここで「敵を愛し、自分を迫害する者のために祈りなさい」と、絶対的な愛の本質を説くのです。

神の愛はすべてに降り注ぎます。それが善人であれ、悪人であれ関係ない。

「自分を愛してくれる人を愛したところで、あなたがたにどんな報いがあるだろうか」

自分を愛してくれる人を愛するのは誰でもできる。本当の愛は自分の敵、自分を迫害する者さえも愛すること。

三堀はなにやかやと信夫にたてついて、反発する。信夫はそんな三堀に対して怒りを覚えるどころか、そのようにひねくれてしまう三堀をいたわしく思い、何とか救いたいと思っている。

ですから最後の場面で、信夫は乗客の命を救うと同時に、三堀自身に強いメッセージを送ったとしても不思議ではないよね。もし、皆さんが三堀だとしたらどんなふうに感じるかな？

――目の前で電車に飛び込むのだから、とてもショックを受けると思います。

佐藤　三堀はそれまで信夫に対していろいろ疑っていたよね。その疑いはどうなるだろう？

――なくなると思います。

佐藤　自分の命を捨てるという行為を、目の前で見たわけだよね。信夫の信心とか、自己犠牲の思いが本物だということを証明するこれ以上の出来事はないよね。

――そうだと思います。

人間は誰しも弱くて嘘をつく

佐藤　人の人格や行動から、決定的に影響を受けることを「感化」と言います。三堀は信夫が命を投げ出した行為を見て、これまでの自分の行いを恥じたと思う。自分のなかにある罪を、初めて心の底から自覚したんじゃないだろうか？　そして自分も、信夫のような生き方に続こうと思う。これが感化されるということです。

よく、信仰は決断だって言うでしょう？

たとえば自分自身で本を読んでキリスト教に興味を持ち、「よし、自分は信仰の道に進もう」と決めて入ったとしても、そういう人は熱しやすく冷めやすい。一瞬、自分自身が燃え上がるようなときってあるからね。

感化は、自分の人格の深いところに作用するもの。自分の決断ではありません。

そういう意味で、本当に決定的なものというのは自分の内側からではなく、外から来るものなんだ。

キリスト教的にはそれが神の意思、神性だとしている。他の宗教で言うなら、前に話した浄土真宗の「絶対他力」に似ているかもしれない。念仏を唱えるのも、阿弥陀仏の力が働いているという。

ちなみに、キリストの一番弟子だと自他ともに認められていた人って誰？

――ペトロ？

佐藤　ペトロだよね。「マタイによる福音書26章31節」を読んでみましょう。

（音読）そのとき、イエスは弟子たちに言われた。「今夜、あなたがたは皆わたしにつまずく。『わたしは羊飼いを打つ。すると、羊の群れは散ってしまう』と書いてあるからだ。しかし、わたしは復活した後、あなたがたより先にガリラヤへ行く」　するとペトロが、「たとえ、みんながあなたにつまずいても、わたしは決してつまずきません」と言った。イエスは言われた。「はっきり言っておく。あなたは今夜、鶏が鳴く前に、三度わたしのことを知らないと言うだろう」。ペトロは、「たとえ、御一緒に死なねばならなくなっても、あなたのことを知らないなどとは決して申しません」と言った。弟子たちも皆、同じように言った。

佐藤　はい、場面は最後の晩餐で、弟子たちと食事をとっているところだね。そこで、弟子たちに向かって「今夜、私につまずく」と言った。「つまずく」って本来は歩いていて足先に何か障害物が当たってよろけたり倒れたりすることでしょう。
けっこう聖書には「つまずく」とか「つまずき」という言葉が出てくるよね。どういう意味か説明してください。

――挫折とか？

佐藤　そうだね。信仰上で挫折したり、誘惑に負けてしまったり、なにかしら障碍を受けることだね。

ちなみに新約聖書の原典のギリシャ語では「スキャンドロス」という言葉が使われています。これは「スキャンダル」という英語になっていますが、まさに本人にとっては突然の思いがけない人生のつまずきだよね。

イエスは最後の場面で、弟子たちがイエス自身のことに関して、信仰の道に反してしまうことを予言したんです。「わたしは羊飼いを打つ。すると羊の群れは散ってしまう」の「わたし」って誰？

――神様。

佐藤　そうだよね。ここはアナロジーになっているからね。「羊飼い」はイエスで、「羊の群れ」が弟子たちだね。

だからイエスは自分が捕らえられ刑を受けること、そのとき弟子たちが逃げて、自分の周りからいなくなると予言したんだ。

するとペトロが、「そんなことはありません。他の誰がつまずいても私はつまずきません」と言った。調子がいいんだね、ペトロは。

でも、イエスは何て答えた？　ペトロに向かって今夜鶏が鳴く前に、お前は私のことを三度も知らないと言うだろう、と言ったんだね。ペトロはそこで、「たとえ一緒に死ぬ場面があっても、自分は知らないとは言わない」とまで言った。で、実際のペトロはどうなった？

自分は一番弟子だという自負もある。おそらく、彼は本気でイエスに最後まで付き従う気持ちがあったと思う。ところが、実際そのときになると、自分の命が惜しくなって嘘をついて逃げてしまったんだ。

しかも、呪いの言葉さえ口にしたというから、さんざんイエスの悪口を言ったんだね。

ペトロがとくに弱いわけでも、嘘つきというわけでもないと思うよ。

人間は誰もが皆、いざとなると自分が思っている以上に、弱くて嘘つきなんだと思う。自分だけは強いと思っていたペトロは、鶏が三度鳴いたとき、自分の弱さに完全に打ちのめされたんだ。

女性はイエスを裏切らなかった

佐藤 イエスがゴルゴタの丘で磔の刑で死んだときに、イエスが預言した通り、男の弟子たちは誰一人そばにいなかった。

でも、聖書にははっきり書かれていないけど、最後まで逃げないでイエスの最期を見届けた人たちがいる。それはどんな人たちかわかるかな？

――民衆たち？

佐藤 一般の民衆たちはたくさん集まって来ていたと思う。それまで神だと言ってさまざまな奇跡を行ってきたというイエスが、処刑されるときに何が起きるかと期待もあったでしょう。

結局、何の奇跡も起こらず、民衆はイエスに騙されていたと思って口々に罵ったりしたんだけどね。

そうじゃなくてイエスに従っていた人たちで、その場から逃げずにイエスの最期をしっかり見届けた人たちがいたんだ。

それは、マグダラのマリアをはじめとして、女性信者たち。女性たちは信仰を捨てず、イエスを裏切りませんでした。なぜだと思う？

——女性は迫害されなかった？

佐藤　当時、女性はいまよりもずっと社会的には差別されていました。生理で出血が続くと汚らわしいと避けられていました。

イエスは前にも話した通り、そういう人たちを差別しないどころか、分け隔てなくつき合った。むしろ自分を低く思っている人ほど、神様の意思に近い人たちで、一番先に救われる人たちだと言ったよね。

たとえば、もしあなたがクラス全員からいじめられていたとして、突然そのなかの一人が全くそんなことを気にせず、親しく話しかけてきたらどう感じるだろう？　そしてあなたがじつは一番優れた人間だと励まし、力づけてくれたらどう思うだろう？

――とても嬉しく感じると思います。

佐藤　だよね。その人のことを信頼し、心底から好きになるんじゃない？　これも一つの感化ということだよね。イエスを取り巻く女性たちは、イエスから感化を受けたんだ。自分のような人間にも差別せず、むしろ尊重してくれる。これまで誰もそんな人はいなかったという感激と感謝。そして神の愛を感じ、その感化を受けて変容し、強くなったんだと思う。

自分の考えや意志でイエスに従おうというのではなく、さっきも言ったけど、何ものかが外から入ってきたんだね。そして自然に体が動いて、イエスと行動を共にする。ところが、男の信者はどう？　理想だとか正義だとかそんな理屈や信条からイエスに従ったんじゃないかな？

男の人って頭から入りがちでしょう。理屈とか計算とか、理性の範囲で物事を判断する。そして自分の意志でイエスに従おうと決める。

それは感化とは違う。あくまでも自分の内側からの判断です。だからいざとなると、とても弱い。

良い大人にどれだけ出会えるか

そもそも、いざというときに腹が据わっているのは、女性の方が多い。男性はいざとなるといろいろ考えて、慌てたり動揺したりしがちです。じつはこのことは、私自身が身を持って体験していることでもあります。

私が外務省で働いていたときに、ある事件に巻き込まれて検察に逮捕され、500日以上拘置所に閉じ込められたことがありました。そのとき、外務省の男性職員たちは、全員私から離れていきました。

そりゃ仕方ないよね。背任や偽計業務妨害という、外務省の仕事の妨害を働いていたという嫌疑で検察に捕まった人物に、下手に関わったら自分まで危なくなる。昨日まで一緒に働いていた同僚も後輩も、潮が引くように私の周囲から消えて行きました。

ところが、当時一緒に働いていた女性職員だけは違ったんだ。そんな状況でも、弁護士経由で差し入れやメッセージを送ってくれて、元気づけてくれました。

私がイエスみたいに、彼女たちに感化を与えたわけじゃないよ。そうじゃなくて、女性の方が、いざとなると周囲を気にしたり、恐れたりせず、自分の思うように行動する強さがあるってこと。

それは女性が、外務省の組織の論理から外されている、つまり出世競争から外れているということもあるかもしれないけれどね。

いずれにしても、私たちの人生で大事なことって、いかによい感化を受けるかということだと思う。

とくにこれから大人になる若い君たちのような年代の人たちは、どんな感化を受けるかで、人生が決まると言っていい。

これからの人生で大事なことは、良い大人と出会うことです。本当に良い大人というのは、残念ながらそんなにたくさんいません。知識や教養はもちろん、知恵があり人格ができていて、生き方がきれいな人。

そういう大人からどれだけ感化を受けることができるかが、人生を大きく変えることになるのです。

大学を卒業するまでの間に、どれだけそんな大人に巡り合えるか？　もちろん、素晴らしい人物であれば、友達からも感化を受けることはあります。『塩狩峠』でも、信夫が感化を受けたのは何人かいるよね？　誰だっけ？

――親友の吉川です。

佐藤　クラスの同級生と夜待ち合せる約束をしていたとき、大雨になってほとんど誰も来なかったけれど、吉川と信夫だけは約束を守った。二人はそこからのつき合いだよね。吉川とのつき合いが、信夫の人生を大きく変えました。

感化を受けるのは友達から、というケースはとても多いと思う。どんな友達と知り合い、どうつき合うかというのがとても大事になります。とくに利害を超えて一生つき合える人間は、友達以外にいません。

それ以外のどんな関係も、何かしら利害が絡む。夫婦や親子だって経済的に結びついているから、利害が絡んできます。友達だけは、そこから外れているという点で特別な存在です。

良い大人と、良い友達にいかに出会うか？　皆さんの人生を豊かにする上での一番のポイントだと知っておいてほしいと思います。

第5章

未来を読み解く力

集中講義によって得た力とは？

佐藤　今回は、皆さんにぜひ「読解力」を身につけてほしいということで、3回にわたって集中講義をさせてもらいました。皆さんは気づいていないと思うけど、この講義を通じて皆さんは確実に読解力が上がったと思う。

正直、いまの中学生にとって、『塩狩峠』という作品はとても長いし、テーマも重い。でも、なかには2回、3回と読んでくれた人がいるね。それだけでも、読書体験としては大きい。

さて、ちょっとここでおさらいしましょう。「読解力」を高めるために、まずどのように読むことが大事だと話したかな？

――批判的に読むこと。

――論理的に読む。

佐藤　そうだね。文章を論理的に把握しながら、批判的に読む。この場合の批判は、否定的な態度ということではなくて、客観的に、距離を置いて対象化して読むということだったね。あと、読み解く上で大事な二つの作業があったよね。

――「要約」と「敷衍」です。

佐藤　そう。文章を「要約」してまとめること。もう一つは文章を自分の言葉で付け足しながら、よりわかりやすく書き直す「敷衍」という作業でした。そうやって力をつけていくことで、行間を読むことができるようになる。実際には、テキストに書かれていない情報を読み取ることだね。

読書感想文を書くということは、これらのことすべてを駆使して、自分なりの感想をまとめることです。皆さんの今回の感想文を読むと、すでに行間を読む力が備わっていることがわかるものがいくつかありました。

たとえば、信夫が線路に飛び込んだのは三堀にメッセージを送り、三堀を変えるためだったと言ってくれた人がいました。そんなことは文中には一切書かれていないけれど、前後の状況や流れから、そう判断した。

それがまさに行間を読むということです。

読解力が他の教科の力を上げる

今回の講義は、正直な話、受験勉強や学校の勉強には直接関係ありません。『塩狩峠』という実用性に乏しい小説を、テキストとして用いています。

もしかしたら、今回のテーマでは普通の受験校では成立していなかったかもしれません。ですが、一見遠回りのように思える読解力を鍛えることこそが、国語だけでなく、すべての教科の力をアップすることにつながると考えています。

一貫校というのは、高校の受験勉強の負担はありません。その分、より幅広い知識や教養を身につけることができます。それが大きなメリットだと思います。

時間的、精神的な余裕がある分、いろんなことを学べます。外国のエリートはギリシャ語やラテン語を勉強している人もいます。すると英語、ドイツ語、フランス語など、言葉のルーツを辿ることができる。

前に聖書の「つまずき」という言葉を説明したけど、そうやって言葉の深い理解ができ、文化を理解することができます。

また、これからの時代は中国語が話せるかどうかで大変な違いが出てきます。英語はもちろんですが、加えて中国語ができたら強い。皆さんが30代、40代になったときには英語と同じ程度に、中国語は必要になっていると思うよ。

それから、意外に重要なのが韓国語と朝鮮語です。韓国と北朝鮮の人たちを合わせると約8000万人になります。これだけの数の民族が隣にいるのですから、韓国語、朝鮮語も学んでおいて損はない言葉です。

受験や進学に直接関係ないかもしれないけれど、やろうと思えば、こういう勉強ができるのが一貫校のメリットでしょう。

その他のメリットは、早回しで勉強できることかな。中学3年生のときに高校1年生の数学や英語をやっておくといいと思います。

というのは、高校になると途端に二つの教科とも難しくなります。いきなり高校になって慌てるより、早めに取りかかって時間をかけて理解していく方がいい。

その点、一貫校は生徒に合わせて早回しで教えることも可能です。生徒の実力と個性に合わせて、融通の利いたカリキュラムが組めるのが一貫校のよさだと思います。

理系の人ほど国語力を磨く

一方で、一貫校の落とし穴もあります。一貫校のなかには、生徒を中学生の段階で理系と文系に分けて教育するところがあります。

たとえば、ある生徒は数学がどうも苦手だとなると、センター試験で数学が必要な国立大学を諦めて、私立一本に絞ります。そして国語と英語と社会という、文系科目だけに集中します。

実際、中学時代からこの3教科を徹底的に学べば、早稲田、慶応などの超難関私立にも合格が可能になります。

すると、大学に入ったはいいけれど、数学がまったくできないという人が増えてしまう。そうなると、前にも話したように、いざ就職のときにとても困ることになります。公務員試験も数学が重視されているし、普通の企業もSPI試験を行うところでは数学力が必要になることは、もう話したよね。

逆に数学は得意で理系に進むという人は、国語力をしっかりと身につけることです。硬い文章だけじゃなくて、小説などの柔らかい文章にたくさん触れる。そして読書による疑似体験、代理経験をたくさん積むことで、感性の幅を広げておくことが大切です。

いずれにしても、文系なら数学を、理系なら国語を勉強してバランスを取ることが大事です。その上で、横浜英和は英語を勉強するには大変良い環境ですから、英語力を伸ばすことをお勧めします

高校受験という節目がない分、何か勉強をする上で目標があった方が、励みが出ると思います。その意味でぜひ英検を活用してほしい。とくに少しレベルの高いところを目指してほしいと思います。

普通の中学校なら、中学3年生で英検の3級を取れたら十分です。でも、皆さんの場合だったら、ぜひ英検の準2級を目指してください。難しいですよ。普通の公立高校の2年生の1学期くらいまでの範囲に当たっていますから。

ちなみに英検2級だと、高校の課程全部が含まれます。準1級になると大学の教養学部レベル。ですから準1級を持っていると、英語に関しては東京大学でも京都大学でも合格しますよ。

なので、かりに将来通訳になりたいとか、英語を使って仕事をしたいと考えている人は、英検準1級を最終的な目標として、高校を卒業するまでにそれを目指してみるといいと思います。

ENDのもう一つの意味とは？

佐藤　ちなみに皆さん、英語のＥＮＤの意味は当然、知っているよね？

――「終わり」です。

佐藤　そう、終わりって意味だけれども、辞書を持っている人は引いて確かめてほしい。「終わり」の他に訳がないかな？

――「先端」

佐藤　はい、それで全部かな？

――「目的」とあります。

佐藤　そう。「目標」とか「目的」とあるでしょう。

学校の勉強では、ＥＮＤは「終わり」という意味しか教えてくれないよね。でも本来はこういう意味があるんだ。

これはギリシャ語のテロスという言葉から来ています。ギリシャの哲学者たちは、誰もが避けられない死というものを前にして、終わりであり目的、完成であるテロスという概念を作りました。それが西洋の考え方の基本として、いまにつながっているのです。これはキリスト教の考え方にも表れているよ。どういうものかわかる？

――……。

佐藤　キリスト教では、この世界は最後にどうなる？

――最後の審判？

佐藤　その通り。キリストが再び地上に現れて、生きているすべての人はもちろん、すでに死んでいる人も呼び集められる。そして、神によって生前の考え方や行いが裁かれる。選ばれた人は神の国で永遠の命を得て、それ以外の人はゲヘナという地獄に永遠に落ちることになる。それが最後の審判だね。

イエスが復活して弟子たちの前に現れ、そのことを告げたとき、人々はそれがもっとすぐにやってくるものだと考えていた。でも、いまだに再臨はないよね。

ふつうの時間感覚からすると、もう来ないんじゃないかと思うくらいだけど、キリスト教徒はそうは考えない。

いずれにしても、キリスト教の時間の考え方は、始まりから最後の審判の世界の終焉まで一直線で、最後の審判でこの世界も時間も一度終わる。これを「終末論」とか「終末的世界観」と呼びます。

でも、この世界の終わりというのは、一方では完成でもある。人間がすべて裁かれ、正しい者とそうでない者があるべきところに落ち着く。つまり神の目的が達成されるときだからです。

この時間と世界観が表れている言葉として、ＥＮＤがあるわけです。

すると、最後の審判の前と後では、明らかに世界が変わるよね。時間は最後の審判で一度断絶し、新しい時間が始まる。西洋の時間概念は、このように一直線で断絶がある。

ちなみに、この時間が断絶し、前後で世界が変わる時間のことを「カイロス」と呼びます。それに対して、質的に同じ時間のことを「クロノス」と呼び、二つの時間を区別して考えます。

だから、西暦もカイロスだね。紀元1年って何があった年？

――イエス・キリストが生まれた年です。

佐藤 そうだよね。正確に言うと、一昔前までイエスが誕生したと信じられていた年です。現在の歴史研究では、イエスが紀元前3年頃に生まれたというのが主流説です。救世主であるイエスが誕生したことで、世界は大きく変わった。

だから、この年も前後で質が変わる時間、カイロスなの。そして最後の審判でも世界が変わるから、これもカイロス。

これ以外にも、カイロスと思われる時間の断絶はあると考えられます。たとえば最近で言うならば、アメリカで起きた同時多発テロ。この前後で世界が大きく変わりました。

私たち日本で言うならば、明治維新とか1945年の太平洋戦争での敗戦。それに3・11と呼ばれる東日本大震災なんかそうだね。

時間が一直線に流れていること。そのなかで質が変わること。これが西洋的な時間概念だと考えてください。

西洋の「直線時間」と日本の「円環時間」

佐藤　それに対して、日本など仏教的な文化を持つ場所での時間はどんな時間か？　皆さんは大晦日ってどうやって過ごしている？

――家族と一緒にテレビを見たりして……。

佐藤　大体の家庭はそうだね。一緒に食事しながらテレビを見たりして、年を越すんじゃないかな？　で、深夜になると、テレビの画面がパッと切り替って大きな鐘が映り、除夜の鐘が鳴る。「ゆく年くる年」だね。

ちなみに除夜の鐘がいくつ鳴るか知っているよね。

――１０８です。

佐藤　なんで１０８なの？

――人間の罪の数ですか？

佐藤　罪とはちょっと違うな。人間の欲望、煩悩の数。それが１０８あって、鐘をその数鳴らすごとに一つずつ消し去るという意味があります。夜の12時までに54回鳴らさないといけない。年が明けてまた54回打つと決まっています。

そうやってまた新しい1年が始まるわけです。12月31日の夜にお祭り騒ぎがあって、その儀式が終わって1年をリセットする感じ。そして元旦を粛々と迎える。これを繰り返していくでしょう?

日本人の多くが抱いている時間感覚って、この大みそかと正月のように、リセットしてまた新たに繰り返すという感じなの。これってぐるぐる回っている円環のようなイメージだよね。この時間感覚は仏教から来ている。

仏教では人間は死んだらどうなる?

――魂が抜けて天に行く……?

佐藤 その魂はどうなるの? そのまま?

――生まれ変わります。

佐藤 そうだね。仏教では魂のレベル、つまり煩悩の大きさに応じて、六つの世界のどれかに生まれ変わるとされています。一番上等とされる、煩悩の少ない魂は「天上界」で生まれ変わり、天人になります。

天人の寿命はだいたい1000年くらいと言われていて、苦しみがなく穏やかで貧困などもありません。天空を自在に飛ぶことができ、平和で暮らしやすく何一つ不自由がないのですが、唯一の苦しみが死ぬとき。若々しかった肉体が一気に衰えます。

それまでが大変恵まれていただけに、衰えた自分を見るのは大変辛い。そして生まれ変わって、また天人になれるかわからない。そのときの悲しみと苦しみは、想像できないほど大きいとされます。

その次が、私たちがいる「人間界」。生きる喜びもありますが、はるかに苦しみや悲しみが大きい世界です。

正しい生き方、仏法は伝えられていますが、煩悩ゆえになかなかそのように生きる人はいません。戦乱や飢饉、疫病、自然災害などの厄災が絶えず起きます。

その下の世界が「修羅界」です。ここではつねに戦いが起きていて、あらゆる人々が和睦することなく絶えず戦い、争っている。

その下が「畜生界」で、仏法がほとんど理解できず、何者かによって家畜のように支配され、それに従って生きるだけの世界です。知恵がほとんど働かない世界なので、救いもほとんど期待できないとされています。

その下が「餓鬼界」。食べ物がなく、ようやく見つけて食べようとすると、口のなかに入れる前に燃えてなくなってしまう。皆ガリガリに痩せていますが、我先に食べ物を得ようと、鬼のような形相で争います。

一番下が、もっとも煩悩で汚れ、罪が深い魂が行くとされる「地獄界」です。血の池や針の山で、鬼たちに追いかけられる。ありとあらゆる苦しみが、永遠に続く世界です。

この六つの世界――六道を私たちの魂はほぼ永遠にぐるぐる回るとされます。

唯一、悟りを得て煩悩を克服した者だけが、この輪廻の輪から外れ、永遠の無である涅槃の境地に行くことができる。それが仏なんですね。

ちなみに人間界から仏になったのはお釈迦様、ゴータマ・シッダルタだけしかいないとも言われています。つまり、ほとんど例外中の例外なのです。

だから、仏教圏の人たちは、時間は輪廻の輪の円環のように、繰り返すというイメージが強い。キリスト教圏の直線的な時間概念とは対照的ですね。

目的から逆算して計画を立てる

佐藤　今年は何年？　と聞かれたら皆さんはどう答える？

――令和３年です。

――２０２１年です。

佐藤　はい、令和という元号で答える場合と、西暦で答える場合があるね。西暦はさっき言ったとおり、イエスの生誕を区切りにしている。だから西洋の時間の区切り方。それを私たちはすでに日常生活に取り入れています。

私たちの生活や価値観の多くが、西洋的なもので占められています。これは鎖国から明治維新となり、そこからずっと欧米を基準にしてきた流れが続いているわけです。社会全体が欧米的な仕組みと価値観で構成されていますから、私たちの考え方もそれに合わせた方が都合がいい場合が多いのです。

ここでちょっと中学生では出てこない英語だけど、テレオロジー（teleology）という言葉の意味を調べてみて。どう書いてある？

――「目的論」ですか？

佐藤　さっき、ギリシャ語で目的を指す言葉としてテロスを紹介しましたね。テレオロジーはその派生語で、「目的論」と訳します。

いろんなことに対して、目的をまず立てて、そこから逆算して、いまやるべきことを考えるのが、「テレオロジー」です。

たとえば、将来鉄道に関する仕事に就きたいと話してくれた人がいたけれど、具体的にどんな仕事に就きたいと思っているのかな？

――はい、私は鉄道デザイナーになりたいと思っています。

佐藤　鉄道デザイナーって、具体的にどんな仕事をするの？

――主に車両のデザインや、椅子とか照明とか窓の形や大きさなどをデザインする仕事が中心かなと。

佐藤　なるほど。いくつくらいでなりたいと思っている？

――大学卒業したらと。

佐藤　大学院を出た方がいいね。すると、年齢で行くと最短で24歳だね。じゃあ、24歳でどこに勤める？

――川崎重工です。

佐藤 では、24歳で川崎重工のエンジニアになった自分を想定して、そこから逆算して考えよう。大学は何学部に行く？

――工学部に行くか、美大に行くか。

佐藤 そうだね。もし美大に行くとしたら、いまから何をしなきゃいけなくなる？

――デッサンの練習とか。

佐藤 デッサンはちゃんと先生についてやらないとね。美大だと、東京芸術大学、多摩美術大学、武蔵野美術大学の三つのうちのどれかに焦点を当てないといけない。どこが一番いいか？

卒業生にしっかりと話を聞いて、自分なりに判断する必要があるね。では、工学部に行くとしたらどうしないといけない？

――理系の科目ができないといけません。

佐藤 数学と理科だね。そのなかでもまず数学です。数学はとくに早回しで勉強した方がいい。数Ⅲまで勉強が必要です。

数Ⅲは解析が中心になるけれど、実際の試験は数ⅠAと数ⅡBを中心にして応用問題がたくさん出るから、しっかりと勉強しないといけない。

あと、どんな科目が重要になるかわかる？　英語です。デザイン関係とか技術関係の論文は英語が多い。それから、あなたがエンジニアになるために、工学の博士号の論文を書くとしたら英語になります。

だから、高校の数学と英語はとても大事になる。いまから重点的に勉強する計画を立てることが必要になります。

――ありがとうございます。

佐藤　このように、将来自分が鉄道デザイナーになりたいという目標があったら、そこからどんな進路があり、どんな勉強が必要かを逆算して考える。一つの完成形を想定して、そこから逆算するという思考が、テレオロジーという考え方です。いま私たちが生きている社会は、このようにテレオロジーで考える必要があります。

目的がないと世のなかに流されてしまう

佐藤　ところが、日本人にはいまだにこの目的論的な思考が弱い人が多いです。ただ目先の試験で、いい点数を取りたいと頑張る。大学入試なんかでもそうだよね。将来自分が何になりたいという目的がなく、偏差値が高い大学、学部を目指すわけです。

こうなると、結局トレンドに流されることになるよね。自分が本当にやりたいことが見えないまま、頑張るだけという。

たとえば本当は弁護士になりたいけど、偏差値がいいからというだけで東大の理Ⅲを受験して入学する。ところが、人の血を見ただけで卒倒しそうになってしまうということで、退学する人がいます。

本来、自分の目的や状況に合わせて進路を選択するのに、単に偏差値だけで選んでいる。大学もあちこち受けて、合格したなかで一番偏差値の高いところに行く。こういう選択をしていて、果たして本当に幸せな人生、有意義な人生を歩むことができるかな？

――できないと思います。

佐藤　そうだよね。だって結局、人によって作られた基準である偏差値に振り回されているだけでしょう。自分の価値観、目的がない人生って、つまらないし、意味がないと思わない？

ちゃんと目的を見据えて考えたら、そんな選択はしないはずです。

ですから、皆さんにはぜひテレオロジーを意識して、進路や勉強の仕方を考えてほしいと思います。

お金も宗教の一つである

佐藤　ところで、近代以降、自然科学が発達して、世のなかの原理や仕組みが明らかになってくると、それまでの宗教的な世界観は、現実の世界とは異なることがわかってきました。

いまは、誰も女性が男性のあばら骨から造られたなどという話を信じないし、地球が宇宙の中心だなんて考える人もいない。キリスト教も仏教も、イスラム教も、あるいはそれ以外の宗教も、いまの世のなかでは、かつてのような絶対的な価値ではなくなったよね。

そんな世のなかで一番強い宗教ってなんだかわかる?

――やっぱりキリスト教じゃないでしょうか?

佐藤 キリスト教ってそんなに強くないよ。日本の人口の1%もいない。

――仏教ですか?

佐藤 仏教もそんなに強くないよね。そういう既成宗教じゃないんだ。皆さん、ではこれは何ですか?

――1万円札です。

佐藤 そうだね。これは日本銀行券と書いてあるね。発行は日本銀行だけど、作っているのは「国立印刷局」というところなの。1万円札を1枚作るのに掛かる費用、つまり原価はいくらだと思う?

――30円くらいですか?

佐藤 22円から26円くらいだと言われています。じゃあ、それくらいのものが、なんで1万円の価値を持っているの?

――政府が決めたからです。

佐藤　半分当たっているけど、残り半分は説明できていないな。政府が決めたからって、それが通用するとは限らないでしょう。私はかつて旧ソビエトの日本大使館に勤めていたけど、当時ルーブルというお札を使おうとしても誰も受け取らなかった。どうしてだと思う？

――信用がなかったからですか？

佐藤　そうだね。当時ソビエトは国内状況が悪く、ルーブルに対する国民の信用がほとんどなかったんだ。だから私たちはドルで買い物をした。あるいはタバコ。タバコがお金の代わりになったのです。

日本でも、江戸時代にお金の代わりになったものがあるよ。何だと思う？

――お米です。

佐藤　そう。税も米で納めていたし、俸禄も米で支払われることもあった。どんなものがお金の代わりになるのかというのは難しい問題なのだけど、とにかく多くの人が貨幣として認めるかどうかが重要になってきます。

結論から言うと、お金というのは宗教と同じなんだ。それに価値があると誰もが認め、信じることで成り立っているでしょう。

だから、1万円を出すと、1万円分の価値の商品を手に入れることができる。支払う方も受け取る方も、同じく1万円の価値を信じているから取り引きが成り立つわけです。

通貨が信用を失くしたら大変なことになります。その通貨を使っていた国家の経済が成り立たなくなります。本当は20数円くらいの価値の紙を、1万円の価値があると信じる——。このこと自体が宗教だし、また資本主義経済のもとで、誰もがお金を追い求め、お金があれば何でもできるという考え方が蔓延しているよね。

お金はいまの私たちの社会において、絶対的な存在になりつつあります。まぎれもなく、お金は現代の宗教なのです。

偏差値が低いと能力も低い？

佐藤　あと、もう一つ、私たちの社会のなかで宗教になっているものがあります。誰か自由に考えを言ってみて。

——情報ですか？

佐藤　たしかにいまの時代、情報はとても大事になっています。ただ、宗教と言えるほどではないかな。もっと皆さんに身近なものだよ。

それは偏差値です。学生にとって偏差値は、自分の進路や将来を決める上で絶対的なものになっているよね。

だから、偏差値の高い人は、低い人を能力がないとみなしてしまう。でも、偏差値ってそもそも何だろう？

——平均を50として、どれだけ上か下か。

佐藤　そうだね。だから偏差値は偏り具合を見る指標だね。分布のどれだけ上、あるいは下に偏っているか。

ちなみに偏差値60は上位16％、偏差値70は上位2・3％、偏差値80になると上位わずか0・13％くらい。

だから、みんながすごく優秀でも、点数に少しでも広がりがあって分布があれば、偏差値が出てしまう。すると、少し低いからって能力が低いと言える？

そもそも学校の勉強の得点だけで、どれだけその人の能力が測れるだろう？　実際は限られた能力でしかない。でも、偏差値が高いと自分は能力が高いと思い込み、低いと自分は劣った人間だと思ってしまいます。

何か絶対的な価値のように皆が思ってしまっていることが、宗教と同じなんだね。怖いのは、それが宗教だと思っていないことです。宗教であるという認識があれば、逆説的だけど、もっと引いて客観的に見ることができる。偏差値は客観的な指標だけど、それを妄信する点において宗教的なんだ。

このように、皆さんが当たり前だと思っていることとか、疑問に思っていないことが、じつは宗教的な妄信に近かったりするのです。そういうことも、これから皆さんが生きていく上で気をつけて行ってほしいところだと思います。

専門知識よりもまず教養の土台を作る

佐藤　皆さんはいま中学3年生だよね。もう体力的には、僕よりも強い人もいると思う。それから、知的なことに関しても、専門知識では大人がかなわない人もいます。皆さんの読書感想文を読んでも、読解力という点で一部の大学生に負けない力のある人がけっこういます。

だからといってそこで満足して油断したり、威張ったりしないことです。とくに優秀な人になると、学校の勉強が物足りなくて、早く専門的な知識や情報がほしいと考えがちです。

ただ、学校の勉強は土台作りとしてとても重要です。土台を作らないで高い塔を積んでいっても、途中で倒れてしまうでしょう。

いきなり専門的で、深い知識を身につける前に、まず広く浅くでいいので、しっかりとした教養の土台を作りましょう。得意な科目ばかりに集中するのではなく、数学が得意な人なら小説を読む、文科系が得意な人なら数学や理科を学ぶという具合に。

そうやって幅を広げることが、いまの君たち中学生の頃、あるいは高校生も含めて大事になります。

その土台をしっかり作った上で、専門知識をつけたり、大学で専門分野を研究する。そういう人は、社会に出てからも応用力や対応力が違います。読解力をつけるというのは、その意味で土台作りそのものだとも言えると思います。

迷えるフリーターが見つけた目的とは

佐藤　ちょっと前になるけど、「ビリギャル」の話があったでしょ。知っているかな？

――成績があまりよくなかった人が、指導を受けて慶応大学に合格する話です。

佐藤　有村架純さんが主演で、映画化されているから知っている人も多いかもしれません。彼女は皆さんと同じ中高一貫校で、高校2年生の時点で、学年でビリでした。日本列島が4つの島から成り立っていることさえわからない。ガングロで髪の毛を染めてギャルの格好している子だね。

こんな子が慶応大学に入れたって話だけど、普通なら難しい。どうしてできたかわかる？

――入試対策を徹底したからですか？

佐藤　そう。SFCというのがポイントです。SFCとは慶応義塾大学の湘南藤沢キャンパスの略で、自分で好きなカリキュラムが組める自由な学風で知られています。このSFCの入学試験が英語と小論文だけ。だからこの二つに絞って勉強すれば、1年あれば偏差値を伸ばすことが可能なんだね。

じつはこれと同じことを、私も経験しています。それは、当時27歳でフリーターだった男性なんだけど、私の講演会にしょっちゅう来るわけ。で、話してみると、とても鬱屈している。

仕事は深夜に宅配便の仕分け業務をやっている。雰囲気が、今回の小説のなかの三堀みたいな感じでした。

話を聞いてみるとね、父親が早稲田の理工を出て、大きな会社の研究所に勤めている。お母さんは青山学院大学の英文科を卒業して、イギリスに留学した経験がある。弟は早稲田大学に行っていて、妹は音大に行っている。

でも、その子だけ都立の高校に上がったんだけど、学校が合わなくて退学しちゃった。通信制の高校を出て、その後大学に入ったけどすぐに辞めちゃったんだ。

親との関係がうまくいかなくなって、おばあちゃんの家に住んでいるという。おばあちゃんだけは子どもの頃から可愛がってくれて、一緒に住んでいるんだね。

夜間の仕分けの仕事は時給1400円で、悪くはないけれど、どうして俺だけこんな状況なんだ、もっといい思いをしているヤツがいっぱいいるのにって、世のなかに対する破壊願望が強かった。大丈夫かな、下手したら事件でも起こしちゃうんじゃないかって心配してたんだ。

その彼があるとき、大学に行きたいと言い出したわけ。どこに行きたい？　って聞いたら、同志社の神学部に行きたいと。本格的にキリスト教を勉強したいと言う。

やればできるという自信が彼を変えた

6月に相談されて、入試は次の年の2月。8か月しかないでしょう。私の友人で雑誌の編集者をやりながら塾の講師を務めている人がいたので相談したら、いま偏差値がおそらく30台だけど、同志社に受かるには60台は必要だからね。これは困ったことになったと。

それで二人で戦略会議をやったんだ。で、彼が英語と国語を教え、私が世界史を教えることになった。まずは、世界史Aのドリルを徹底的にやりました。

その後、範囲の広い世界史Bの「穴埋め教科書」といって、大事なポイントが空いている教科書があるんだけど、それをひたすら覚えるという作業をやりました。それで、

「スーパーマスター世界史B」という、20日間で世界史の全部の領域をやる薄い問題集を何度も反復演習させたのです。

9月、駿台の模試を受けさせると、英語はまだまだだったけど、世界史の偏差値見たらびっくり。いくつくらいだったと思う?

――70ぐらいですか?

佐藤 なんと81もあった。80代の偏差値って見たことないけど、要するに全国で10番以内なんだ。それで彼はがぜん自信がついたわけ。やればできるんだと。そしたら英語も国語も上っていった。

それで彼は神学部の他に文学部、社会学部、法学部と政策学部の五つを受けた。それが全部優秀な成績で合格し、第一志望の神学部にめでたく入学することができたんだ。

大学2年生のときかな、洗礼を受けたいと言う。それで大学院に行って、牧師になったのです。

いまは結婚して子どももできて、牧師として頑張っています。

勉強することよりも大切なこと

佐藤　私が言いたいのは、受験で合格するのが目的じゃないってこと。それでは「偏差値教」になっちゃうよね。そうじゃなくて、彼はもっと大事なものを得るために受験勉強をしたんだ。

彼は自分だけがドロップアウトして、その引け目から家族とまともにつき合うことができませんでした。でももし、彼が難関大学に入学したら、そのコンプレックスが一つ消えることで、いろんなことが改善すると思ったのです。実際、大学に入って自分に自信ができたら、両親との関係、兄弟との関係がとても良くなりました。

一つ突破できることで、その人のいい部分がどんどん出てくるようになる。実際、彼は自分が思っている以上に優秀な人だったわけです。

その後の勉強でギリシャ語がよくできたから、大学の先生にもなれたと思う。でも、彼は牧師になりたいということでした。それが彼の目標であり、目的だったから、それが叶ったということだね。

ビリギャルにしても、この牧師になった彼にしても、人は変わろうと思うことで変わることができるのだと思います。ただし、それには前にも話したように、いい出会いがどうしても必要になります。

ビリギャルで言うならば、彼女を指導してくれた坪田先生という優秀な先生に出会ったことだし、牧師の彼に関して言えば、手前みそになるけれども、私や私と一緒に彼を教えてくれた友人との出会いがあったからこそだと思う。

だから、皆さんに再三言っていることだけど、できるだけ良い大人とめぐりあうことが大事です。良い出会い、良い感化を受けることがじつはどんな勉強よりも、あなたたちを成長させるきっかけになります。

さて、そんないい出会いや感化を受けるために、どんなことが大事になると思う？

——自分から求めることですか？

佐藤　そうだね。自分から求めなければ、そのような出会いも生まれないね。じゃあ、そもそも何を求めるかということになるでしょう。

そこで大事なのが、さっき話したＥＮＤ——目標とか目的、完成のイメージだよね。それが明確でなければ、求めるものもはっきりわからないでしょう。

もう一つ大切なのが、素直であることです。ビリギャルも先ほどの牧師になった彼も、基本的に素直なところがあった。だから教える方も、よし何とかしようという気持ちになる。

せっかく素晴らしい出会い、素晴らしい人と巡り会っても、素直さがなければそれを受け止めることができません。素直さがあれば、相手からも可愛がられるし、親身になって教えてくれるようになります。

現状がずっと続くわけではない

佐藤　今回、集中講義で3回にわたって『塩狩峠』を読んだけれど、皆さんの実力が予想以上に高いことに驚きました。
そして、皆さんはどこか余裕があるというか、あまり必死さやセコセコした感じがしないのは、おそらく一貫校の持つ独特の雰囲気があると思います。そして、こういう学校に入ってこられるのは、経済的にもある程度安定していないと難しいでしょう。

いろんな意味で、皆さんは恵まれていると思うんだ。どうかそれを意識して、いまの状況に油断することなく、皆さんの環境だからこそできることをやってほしいと思います。

ところで、私は仕事柄いろんな場所に行くけれど、少年院にも行ったことがあります。日本の法律では、14歳未満ではどんな犯罪であっても刑事責任を問われることはありません。だけど14歳からは、その責任が問われることになる。少年院というのは原則14歳以上20歳未満の刑事事件で有罪が決まった人が入る。

私が訪問したのは少女少年院なんだけど、ちょうど皆さんと同じくらいの年の女の子が、殺人罪で入っているの。どういうわけだと思う？


——……。

佐藤　殺人のほとんどは自分の子どもができちゃって、生まれた後育てることができず、親や先生にも相談できず殺しちゃったってケースです。それで少年院に入っている。
あとは、覚せい剤関係で収容されている人が多いです。じゃあ、そこにいる人たちは皆と違うかというと、基本的には変わらないよ。院のなかではもちろん、規則正しい生活をしている。当然、勉強が好きな子もいて、高校卒業程度認定試験なんかも結構通っちゃう人がいるんだ。

ところが院から外に出て、社会生活を送るとなると大変です。だいたいそういう子たちの家庭がとても深刻な状況で、居場所が見つからないわけ。で、また悪い男に引っかかってしまって、少年院や刑務所に戻ってきてしまう。

男の子の方は、一度出ても詐欺罪で捕まるケースが多い。なんでだと思う？

――オレオレ詐欺の受け子？

佐藤　そう、よくわかるね。結局社会に出ても、また悪い仲間、悪い大人たちに利用されて、オレオレ詐欺の受け子なんかで雇われて捕まってしまう。

皆さんのような一貫校で、小中高とほぼ同じ仲間と過ごし、親や先生にも恵まれ、環境に恵まれていると、そんな世界はどこか別の遠い世界のように思うかもしれない。

でも、社会にはじつにたくさんの世界があって、いろんな人たちがいる。なかには少年院に入っているような環境の子どもたちもいるんだね。でも、考えてみて。もしいまの家庭が何らかの形で崩れたりしたら？　環境が大きく変わったら？

いままで当たり前だと思っていた世界が、突然変わっちゃうかもしれない。そして自分では望んでいなくても、犯罪とか事件に巻き込まれたりするかもしれない。

人間は誰だっていつだって、どんな状況にもなりうるし、堕ちることもあるということです。罪を犯した人たちだけが特別だとか、劣っているということではないということです。

キリスト教ではそのことを説いているよね？　すべての人に原罪があり、そもそも楽園から追われて堕ちた存在だよね？　神の前では誰もが罪人であり、不完全な存在です。その視点をもって、広く社会と現実を見てほしいと思います。

与えることができる人間になる

佐藤　もう一つ伝えたいのは、あなたたちの役割をしっかりと考えてほしいということです。家庭環境にしても経済的状況にしても、あなたたちは恵まれています。ですが、恵まれている自分たちを逆に卑下する必要もありません。

聖書でパウロはなんと言っている？　使徒言行録の20章、35節を読んでみて下さい。

（音読） あなたがたもこのように働いて弱い者を助けるように、また、主イエス御自身が『受けるよりは与える方が幸いである』と言われた言葉を思い出すようにと、わたしはいつも身をもって示してきました。

佐藤 はい、「受けるよりは、与える方が幸いである」。この言葉をぜひ皆さん心にとどめておいてください。人に与えることができるということが、本当の幸せなんだね。

ところで、皆はどうして勉強して、いい仕事に就こうとするの？

ほとんどの人が自分の生活や人生を豊かにしたいから、と答えるんじゃないかな？

でも、そうじゃないということ。いかに人のためになることができるか？ いかに自分の才能や能力を社会に役立てることができるか？ それが大事なんだ。

つまり「人に与えることができる人」になるために勉強があり、仕事があるんだよね。

そして、そういう人生を歩めた人こそ、本当の幸せが来るんだよと言っている。これは、私自身がこれまで生きてきた実感としても言えることです。自分の力を自分のためでなく、人のために役立てることが大切です。

だからみんな自分の興味があることを追求して、好きなことを仕事にできたらいいね。

そのなかで、生きがいと誇りを持って働くことで、社会や周りの人の力になったり、助けたりする。その実感が手にできたら、とてもいい人生になると思います。

『塩狩峠』の信夫の生き方は、このことをある意味極端な形で示しているよね。信夫のように命まで投げ出すことができなくても、きっと皆さんはこれからの人生で、近くにいる誰かを助けることができるはずです。

そういう生き方をする若い人たちがこれからどんどん増えてくれれば、必ずいまの世のなかも、よりよいものに変わってくると思う。

どうか、これからも今回の講義のことをちょっと思い出してみてください。そしていろんな本を読み、いろんな人に会い、世界を広げていってください。皆さんに期待していますす。今回は長時間の講義を聴いてくれてありがとう。

——ありがとうございました。

集中講義に対する感想（一部抜粋）

●僕は集中講義の前、とても緊張していました。それは国語が苦手で、とくに読解が嫌いだったからです。

しかし、佐藤優さんは人にはそれぞれの考えがあるから、解釈に間違いはないと言われました。だから僕は意見を言うときに、流れなどを気にせずに自分の考えを言えばよいと思いました。

このように考えると気が楽になり、意見が言いやすくなりました。感想文も正解を書く必要はなく、思ったことを書けばいい、と考えることができるようになりました。だから割と早く書くことができました。このことはとても感謝したいと思います。

これからは、授業などで自信をもって、自分の考えや意見を述べたり、書いたりできるようになりたいと思います。

●今回の講義を通じてたくさんのことを学ぶことができました。まず驚いたことは、「読む力」「話す力」「聞く力」「書く力」のなかで、一番大事なのが「読む力」だということでした。自分は「書く力」が一番大切だと思っていたので、勉強の仕方を変えたいと思います。

とくに印象に残ったのが、偏差値も宗教であるということです。中学受験の際は偏差値に左右されていて、学校を偏差値で見ていたこともありました。そのことが少し恥ずかしい気持ちになりました。

貴重で充実した体験となりました。ありがとうございます。

●私はもともと本を読んだり、文章を読むことがあまり得意ではありませんでした。どのように読めばいいかよくわからなかったからです。しかし、本を肯定だけでなく否定的（批判的）に読んでもよい、ということを知りました。これまで、私は与えられた本を肯定しないといけないと思い込んでいました。

あと、佐藤先生は子どものときから好奇心が旺盛で、中学を卒業して北海道へ一人旅をして、高校1年生のときにロシアに一人で行ったりしていたことを知りました。自分にはできないことを実践していて、とても感動しました。

機会があれば、もう一度講義を受けてみたいと思います。

●今回の講義でとくに強く印象に残ったのが、良い大人たちに触れることで感化されるということです。

これまで自分の周りにたくさんの大人の人がいましたが、良い感化を受け、教養として身につけることができればと思います。

あとは、キリスト教に関しても深いお話をたくさん聞けて良かったです。「信仰は決断ではない」という言葉が、深く心に残っています。イエス・キリストが背負った罪というものについても、もっと深く知りたくなりました。書き切れないくらい、心を動かしてもらいました。ありがとうございます。

●講義を通じて本の大切さや、本を読むときに重要なことを知ることができました。小学生の頃から語彙力がなく、国語がとても苦手でしたが、佐藤さんの授業でたくさんのことが本から読み取れるのだなと実感しました。

とくに講義の最後でディスカッションをしたとき、同じ事柄でも共感する人と、そうでない人がいることを痛感しました。これからは、世のなかは自分と違う意見を持っている人がいることを理解して、相手の意見を尊重できる人間になりたいと思いました。

●講義が始まる前から、佐藤氏は、どのような人だろうと緊張していました。講義が終わったいま、改めて佐藤氏は怖い方だと感じています。講義のなかで一つのテーマから、どうしてこんなに話が広がるのかと驚きました。

それは佐藤氏が波瀾万丈の人生を送られ、幅広い知識を持っているからだと感じました。佐藤氏の質問ほど、頭を使って答えたことはなかったと思います。

集中講義は強烈なイメージで心のなかに残っています。きっと10年後、20年後、いつまでたっても忘れないでしょう。

物事を批判的に見て、賛成でも反対でも自分の意見を持つこと。その理由を明確にすること。日常でも大切なことだと思いました。

佐藤氏が怖いのは、きっとなんでも見通しているような目が怖いのだと思います。普段は柔和ですが、鋭い質問をしてきたとき、教室内がしんと静まり返ったのをいまでも覚えています。

この時間は、私の宝となりました。新しい世界を見せてくださり、佐藤氏や皆様方に感謝しております。ありがとうございました。

●佐藤優さんの集中講義を受けて、自分の世界に対する考え方が変わった。大切なことは、見えないものをどう見るか。見えないものは、人それぞれ受け取り方が違う。だから、自分の考えをはっきり持っていた方が有利である。

彼は、多くの言語を操り、多くの人と話し、他の人とは別の「考え方」を持っている。彼は中学3年生のときに2週間北海道を旅し、高校のとき北欧に旅に出た。とてもうらやましい。

夏休み、できれば僕もどこか旅に出たいです。教会に行ってみようかな、と思いました。

【著者略歴】
佐藤優（さとう・まさる）
1960年東京都生まれ。作家。元外務省主任分析官。同志社大学神学部卒業。同大大学院神学研究科修了後、85年外務省に入省。英国の陸軍語学学校でロシア語を学び、在ロシア日本大使館に勤務。北方領土問題など対ロシア外交で活躍。2002年、背任と偽計業務妨害容疑で逮捕。09年、最高裁上告棄却。13年、執行猶予期間を満了し刑の言い渡しが効力を失う。著書に『国家の罠』（毎日出版文化賞特別賞）、『自壊する帝国』（大宅壮一ノンフィクション賞、新潮ドキュメント賞）など多数。

読解力《どっかいりょく》の強化書《きょうかしょ》

2021年10月 1日 初版発行
2021年11月24日 第3刷発行

発行 **株式会社クロスメディア・パブリッシング**
発行者 小早川幸一郎
〒151-0051 東京都渋谷区千駄ヶ谷4-20-3 東栄神宮外苑ビル
https://www.cm-publishing.co.jp
■本の内容に関するお問い合わせ先 ………TEL (03)5413-3140／FAX (03)5413-3141

発売 **株式会社インプレス**
〒101-0051 東京都千代田区神田神保町一丁目105番地
■乱丁本・落丁本などのお問い合わせ先 …TEL (03)6837-5016／FAX (03)6837-5023
service@impress.co.jp
（受付時間 10:00～12:00、13:00～17:00 土日・祝日を除く）
※古書店で購入されたものについてはお取り替えできません
■書店／販売店のご注文窓口
株式会社インプレス 受注センター …………TEL (048)449-8040／FAX (048)449-8041
株式会社インプレス 出版営業部……………………………………………TEL (03)6837-4635

カバーデザイン 金澤浩二
本文デザイン・DTP 鳥越浩太郎
印刷・製本 中央精版印刷株式会社
本文構成 本間大樹
カバー・本文撮影 坂本禎久
ISBN 978-4-295-40604-4 C2034